인권옹호자
예수

"대한민국 국민의 27.6퍼센트가 기독교인이라고 합니다(2015년 인구주택총조사). 반면 성소수자 인구는 얼마인지 파악조차 못 합니다. 이런 차이에도 불구하고 기독교와 동성애는 현재 한국 사회에서 가장 뜨거운 이슈입니다. 그래서 이 책을 추천합니다. 기독교인으로서 예수를 닮는 삶을 고민할 때, 비기독교인으로서 타인의 종교를 더 깊게 이해하고자 할 때 독자의 손을 단단하게 잡아줄 책이기 때문입니다. 다루는 주제는 첨예하지만 저자는 쉽고 간명하게, 동시에 힘이 넘치는 필력으로 부드럽게 풀어냅니다. 분명 마음은 따뜻해지고 머리는 시원해지며 시야가 또렷해지는 독서가 될 것입니다."
_ 비온뒤무지개재단 상임이사 한채윤

기독인이며 인간의 다양성과 인권을 연구하고 교육해온 저자가 다양한 이웃들, 특히 성소수자 이웃들에게 간절한 마음으로 따뜻함을 전해주는 책입니다. 저는 대한민국의 모든 사람이 이 책을 읽었으면 좋겠습니다. 특히 기독인 성소수자분들과 그의 가족들에게는 등불과 같은 길잡이 역할을 할 것이라고 확신합니다. 성소수자에 대한 교육이 전무한 우리 사회에서 무지로 인한 두려움으로 성소수자를 차별해온 사람들과 성소수자에 대한 차별에 상처받아온 모든 이들에게 따뜻해지는 마음과 시원해지는 머리를 선물해주는 책입니다.
_ 〈성소수자부모모임〉 라라

성소수자 당사자 중에도, 성소수자 자녀를 둔 부모 중에도 기독교 신자가 많습니다. 그중에는 성소수자 자녀에게 저주를 퍼부으며 내쫓고 학대하고 죽음으로 몰아가는 분도 있지만, 하나님은 우리에게 타인을 정죄할 권리를 주시지 않았으며 혐오를 가르치지 않았음을 알고 자녀를 사랑으로 감싸 안아주는 분도 있습니다.

해마다 퀴어문화축제에 가면 악의에 찬 눈빛의 보수 기독교인들이 무시무시한 혐오의 피켓을 들고 와서 방해합니다. 이 광경을 본 우리 부모들은 일 년에 단 하루 벽장에서 나와 자긍심을 갖고 자기 목소리를 내는 축제조차 제대로 즐길 수 없는 현실에 가슴 아파합니다. "다른 사람을 아프게 하고 피해를 줘도 되는 자유나 권리는 존재하지 않습니다"라는 책 속의 구절이 마음 깊이 남습니다. 그들에게 외치고 싶은 말입니다.

이 책은 그들을 일깨워줄 정확한 해석과 명쾌한 지침을 담았습니다. 성소수자에 대한 무지와 편견을 가진 분 모두가 읽어보시길 권합니다. 성경을 잘못 해석해 혐오를 가르치고 배우고 상처 주는 사람들이 이 책을 통해 자신들의 잘못을 깨닫길 바랍니다. 지금껏 수많은 성소수자와 그 가족들에게 고통과 비극을 안겨준 혐오와 편견, 차별이 사라지는 날이 오기를 간절히 바랍니다.
_ 〈성소수자부모모임〉 지인

한국에서 성소수자에 대한 혐오와 차별의 가장 큰 근거는 성경입니다. 물론 이런 혐오와 차별이 상당수 기독교인이 원하는 방식은 아닐 것이라고 믿지만, 경전을 근거로 목소리를 높이는 사람

인권옹호자 예수

성경과 성소수자

김지학 지음

생각비행

들 앞에서 당사자들은 겁을 먹고 삶의 의욕을 잃게 됩니다.

다행히도 이 책을 만나게 되어 성소수자 부모로서 말로 표현할 수 없는 큰 위로를 느낍니다. 그 위로가 기독교 신자이자 인권활동가, 교육전문가인 저자의 성경에 기반한 탄탄한 이론적 근거와 용기에 기인하기에 더욱 굳건한 힘이 됩니다. 또한 "저는 비성소수자들의 성소수자 지지자 가시화 운동이 선행되어야 한다고 생각합니다"라는 학자적 양심에서 한 걸음 더 나아간 저자의 실천적 삶을 보며 종교인에게 더 큰 희망을 품게 됩니다.

"자신이 억압 그룹에 속한 정체성에서는 그 그룹의 인권 신장을 가져올 수 있는 사람이 될 수 있도록 하며, 자신이 특권 그룹에 속한 정체성에서는 억압 그룹에 속한 사람들을 차별하지 않는 사람이 되고 더 나아가 평등한 사회를 만들어가는 사람이 될 수 있도록 돕고 있습니다"라는 한국다양성연구소의 더 큰 활약을 기대하며 사람의 상식과 합리를 믿는 모든 이들에게 일독을 권합니다.

_ 〈성소수자부모모임〉 나비

10년 전 제 아들이 성소수자라는 사실을 알았을 때 "지구가 뒤집혀도 난 네 편이야. 괜찮아. 사랑해"라고 편지를 썼지만, 솔직히 매일 울면서 하느님께 "원래 모습으로 바꿔달라"고 떼도 쓰고 협박도 하고 애원도 했습니다. 그러던 어느 날 기도 중에 하느님께서 "내가 사랑하는 내 아들을 너도 사랑의 눈으로 바라보라"라는 마음을 주셨습니다. 제게 단단한 믿음의 '눈'을 뜨게 해주신 하느님께서는 항상 제 편이심을 압니다. 그리고 늘 육우당 편에 계셨다는 것도 믿습니다.

차별과 혐오를 조장하는 이들은 "예의를 갖추라"는 하나님의 호통을 듣지 못하고 보지 못하는 불쌍한 사람들입니다. 육우당을 추모하면서 발간하는 이 귀한 책이 널리 퍼져 과거의 저처럼 듣지 못하고 보지 못하는 많은 이들의 귀가 열리고 눈이 뜨이는 기적이 매일 일어나기를 기원합니다.

_ 〈성소수자부모모임〉 하늘

예수를 따르는 제자의 삶을 살고자 고군분투하는 기독교인들에게 주님의 시선으로 세상을 바라볼 수 있도록 도움을 주는 책입니다. 한센인을 혐오하는 이스라엘 사회에서 예수께서 한센인에게 어떻게 다가갔는지, 바리새인의 정통 신앙을 왜 예수가 통렬히 비판했는지 헤아릴 수 있다면 혐오를 가르치는 신앙이나 교육은 사라질 것입니다. 지금도 제자의 길을 찾아가고 있는 그리스도인들과 이 책을 함께 읽고 싶습니다.

_ 〈성소수자부모모임〉 국화향기

예수님을 닮기 원하는, 그분의 사랑을 실천하기 원하는 모든 기독교인에게 꼭 필요한 책입니다. 성경의 가치와 예수의 삶을 신앙의 기초로 삼기 원하는 기독교인을 위해 동성애 비난의 근거로 쓰이는 성경 구절을 하나하나 분석해서 성경이 동성애를 비난하는 근거로 쓰일 수 없음을 증명하는 책입니다.

_ 〈성소수자부모모임〉 인정

인권옹호자 예수를 만나는 신앙 여정

한국 사회에서 성소수자 인권과 관련한 논쟁은 10년 넘게 이어지고 있다. 해를 거듭할수록 좀 더 나은 상황이 되길 기대하지만 현실은 녹록지 않다. 혐오 공세가 거세지는 만큼 저항도 끊임없이 이어지지만 조직을 앞세운 공세 앞에서는 무력감을 느끼곤 한다. 게다가 그 조직력이 교회로부터 나오기에 목사로서 느끼는 자괴감은 이루 말할 수 없다.

그렇다고 교회 안이 온통 혐오로만 가득 차 있는 것은

아니다. 긴 호흡으로 한 걸음씩 다가가 말을 건네고 포용과 환대라는 교회의 본질을 찾고자 하는 교회와 기독교인도 존재한다. 교회 안에 성소수자가 얼마나 있는지 명확한 데이터는 없지만, 적어도 지난 10년간 자신을 성소수자이자 기독교인으로 정체화하는 이들을 만나왔고 매일이 새로울 정도로 처음 만나는 분들도 많다. 모태신앙이라는 분, 모태신앙 정도가 아니라 3~4대째 기독교 신앙을 이어오고 있어서 주위가 온통 목사, 장로, 권사라는 분, 10대 혹은 20대를 지나며 혐오 설교 때문에 더 이상 교회를 나가지 않게 되었다는 분들을 만나게 된다. 반면 "혐오를 일삼는 교회만 있는 것이 아니라던데요" 하면서 기독교인이 되고자 하는 초신자들도 있다. 게다가 성소수자 당사자들만 있는 게 아니라 부모를 포함한 가족, 친구 등 관계망의 넓이는 상상하는 것보다 훨씬 광범위하다.

이렇듯 각양각색의 모습으로 일상을 살아가는 성소수자들이 존재하는데, 입으로는 사랑을 말하며 혐오를

추천사

일삼는 기독교인들은 마치 전혀 다른 세계의 사람들이 자신들의 영역으로 공격해오는 양 두려움을 느끼며 총공세를 펼치고 있다.

저자는 기독교인이자 이성애자 남성으로 이 사회에서 자신이 가진 권력을 성찰하며 책을 써 내려갔다. 그는 교회에서 사랑과 포용이 아닌 혐오와 차별을 신앙으로 교육받으며 성장했지만 '하나님의 은혜'로 거듭날 기회를 만났고 그 경험을 토대로 기독교인으로서 매 순간 느끼는 부끄러움과 빚진 심정을 대변해준다. 심리학과 사회복지를 전공한 평신도가 쓴 글인 만큼 독자의 눈높이에 맞춰 이해하기 쉽다. 인권옹호자 예수를 만나기까지 스스로에게 수백 번 질문하고 그 답을 찾기 위해 애써온 저자의 신앙 여정이 이 책에 오롯이 담겨 있다.

"예수님의 부활을 처음 본 건 창녀인 막달라 마리아였지. 남들은 돌로 쳐 죽여야 한다고 했을지언정 예수님은 죄 없는 자가 돌로 쳐보라고 하셨어. 그만큼 소외당한 자를 감싸주신 예수님이 동성애자를 질책할 리 없다고 생각해."

육우당, 《내 혼은 꽃비 되어》

　기독교인이었던 육우당의 신앙고백은 정통신학이라는 미명하에 배제를 일삼는 이들에게 일침을 가하는 생생한 울림으로 여전히 우리의 가슴을 파고든다. 이 책 또한 우리 모두에게 용기와 위로가 되리라 믿는다.

"너희에게 겨자씨 한 알 만한 믿음이라도 있으면, 이 뽕나무더러 뽑혀서 바다에 심기어라 하면 그대로 될 것이다."

《누가복음》 17장 6절

섬돌향린교회 담임목사 임보라

다양성과 평등이 보장되는 사회를 위하여

이 책은 한국 개신교가 반동성애의 기치를 내걸고 성적 지향이 다르다는 이유로 사람들을 낙인찍고 정죄하는 현실에서 성경을 제대로 읽고 해석하고 받아들이는 방법을 보여주고자 합니다. 저자는 전혀 과학적이지도 이성적이지도 않은 성소수자에 대한 고정관념과 편견, 혐오가 탄생하고 확산하게 된 배경을 살펴보면서, 반동성애를 조장하기 위해 인용되는 성경 구절들이 어떻게 탈맥락화·탈역사화되어 있는지 잘 보

여줍니다. 또한 동성애에 대한 오해와 진실을 잘 드러
내주는 문답을 통해 우리의 부끄러운 편견을 직시하고
교정하고자 합니다.

　결국 이 책은 사랑의 하나님을 따르고자 하는 이들이
사회적 약자와 손잡고 함께할 때, 인권 증진을 위해 기
꺼이 실천하는 모습을 보일 때, 진정 부활한 예수님이
그 모습을 드러내실 것임을 우회적으로 보여줍니다. 저
자는 '예수의 삶의 이야기'가 대한민국의 현실에서 우리
의 이야기로 완성되어갈 때 다양성과 평등이 보장되는
보다 나은 사회가 될 것이라 믿습니다. 그리스도인이건
아니건 인간의 자유와 평등, 인권의 가치를 믿고 일상
에 적용하고자 하는 사람이라면 반드시 읽어야 할 빛나
는 책입니다.

중앙대학교 사회학과 교수 이나영

　　　　　"개신교 역사상 지금의 한국 교회
만큼 타락한 교회는 없었다"(손봉호 전 동덕여대 총장)라
고 평가받는 한국 교회의 현실이 매우 슬프고 안타깝지
만, 여전히 교회를 사랑하고 아끼는 마음으로 이 책을
썼습니다.

　저는 미국에서 인간의 다양성과 인권을 공부했고, 지
금은 한국에서 차별받고 소외되는 사람 없는 사회를 만
들기 위해 다양한 활동과 교육을 하고 있습니다. 특히
다양성 훈련을 통해 사람들이 자신의 사회적 정체성(인
종, 민족, 성별, 성 정체성, 성적 지향, 장애, 외모, 지역, 종교, 사
회 계급 등)에 따른 특권과 억압을 인지하고 평등한 사회

를 만드는 주체로 설 수 있도록 분주히 노력하고 있습니다.

저 역시 처음부터 모든 사람의 인권에 관심이 있었던 것은 아닙니다. 저는 한때 호모포비아였으며, 그에 결정적 역할을 한 곳이 바로 교회였습니다. 성소수자라는 고통받는 이웃에 무지했고 무관심했기에 무비판적으로 차별과 억압에 동참하는 폭력을 가했습니다. 하지만 '부조리한 사회에 순응하지 않고 모두가 환대받는 평등한 사회를 만들고자 했던 예수를 닮는 삶을 살겠다'고 다짐하게 한 곳 역시 교회였습니다. 저는 지난날의 무지와 무관심에서 비롯한 폭력을 후회하고 반성하며, 차별과 폭력이 없는 세상을 만드는 데 조금이라도 도움이 되었으면 하는 마음으로 오늘을 살고 있습니다.

그리스도인으로서, 누구도 배제되거나 억압받지 않는 해방된 세상을 외친 예수의 삶을 따라 살고자 노력했으나 그런 저의 노력을 거듭 저지한 곳 또한 교회였습니다. 미국에서 한인 교회를 다닐 때 저는 교회의 요청으로 리더를 맡아 적극적으로 활동할 만큼 신실한 교인이었습니다. 그러나 페이스북에 성소수자 인권을 옹호하는 게시글을 올리자 교회로부터 나가달라는 요구를 받았습니다. 차별받는 이웃인 성소수자의 인권을 말하는 것이 교회에서는 '죄'가 된 것입니다. 한국에 돌아와서도 마찬가지로 고통받는 이웃인 성소수자의 인권을 언급하는 것은 계속해서 '죄'가 되었습니다.

다양성 교육을 진행하는 제게 교회에 다니는 사람들은 "그리스도인도 성소수자 인권을 지지할 수 있나요?" "성소수자도 그리스도인이 될 수 있나요?"라고 묻습니다. 반면 교회에 다니지 않는 사람들은 "개신교는 왜 성소수자를 차별하나요? 성경에 그런 근거가 있나요?"라고 묻습니다. 이 질문들을 두고 고민하고 공부했던 내용을 토대로, 성소수자 차별의 근거로 쓰이는 성경 구절과 성소수자에 대한 흔한 오해에 대해 정리했습니다.

이 책은 저의 첫 책입니다. 첫 책으로 제 삶의 뿌리가 되는 기독교에 대한 책을 내게 되어 더욱 기쁩니다. 우선 이 책을 세상에 내놓을 수 있도록 기회를 주신 생각비행에 감사드립니다. 또 부족한 제 글을 읽고 따뜻한 조언과 격려를 아끼지 않으신 이나영 교수님, 박진영 목사님, 임보라 목사님, 한채윤 선생님께 감사드립니다. 그리고 저의 지도교수, 멘토이자 친구인 데이브David J. Martineau 교수님과 NCCJSTL을 통해 만난 Anytown 친구들, 친애하는 한국의 모든 LGBTQIA+ 친구들에게도 감사의 인사를 전합니다.

부족하지만 이 책을 통해서 성경과 예수의 정신에 대해 다시 생각해보고 예수의 삶을 실천하는 그리스도인들이 조금 더 많아졌으면 좋겠습니다. 또한 성소수자를 정죄하고 비난하기 위해 그리스도인들이 이용하는 성경적 근거를 알고 정확한 사실을 알려줄 수 있는 비그리스도인들이 많아졌으면 좋겠습니다.

김지학

차례

전제 1

저는 성적 지향을 '끌림'이라고 생각합니다. '어떤 사람에게 매력(끌림)을 느끼는가'에 대한 이야기이기 때문입니다. 끌림에는 육체적인 끌림이 당연히 포함되지만 절대 육체적 행위에 한정되지 않고 정신적, 정서적, 감정적, 영적 끌림 모두를 포함합니다. 성적 지향에 대해 이야기할 때는 이성애heterosexual와 동성애homosexual뿐 아니라 양성애bisexual, 범성애pansexual, 무성애asexual에 대해서도 함께 이야기해야 하지만, 이 책에서는 성경 구절을 근거로 동성애를 비난하는 주장을 중점적으로 다루기 때문에 다양한 성적 지향 중에서도 동성애를 가장 깊게 다루고 있습니다. 이 점 양해해주시기 바랍니다.

전제 2

윤리적인 섹스와 비윤리적인 섹스의 경계는 상대방의 젠더에 기초하지 않습니다. '윤리적인 섹스'라는 거창한 이름을 붙일 것도 없이 섹스가 성립하려면 상대방의 동의가 필요합니다. 나 자신과 상대방의 적극적인 동의가 있을 때 섹스가 시작됩니다. 서로 간의 적극적인 동의가 없으면 강간입니다. 강요, 협박, 지위, 젠더권력을 포함한 권력을 이용해서 만든 침묵은 동의가 아닙니다. 동의가 없는 섹스는 폭력이며 범죄입니다.

또한 원치 않는 임신과 성병을 예방하기 위해 반드시 콘돔을 사용해야 합니다. 체외사정은 올바른 피임법이 아니며 성병에 무방비로 노출되게 됩니다. '느낌이 좋지 않다'는 등의 이유로 일방적으로 콘돔 사용을 거부하는 행위는 폭력입니다. 상대방을 배려하지 않고 자기 자신만 생각하는 이기적인 사람과는 섹스를 할 필요도, 연애를 할 필요도 없습니다. 좋은 섹스는 서로가 만족할 수 있는 섹스입니다. 이를 위해서는 많은 대화가 필요합니다. 서로에게 원하는 것을 물어보며 상대방의 감정을 세심하게 배려해야 합니다.

"우리는 성행위를 판단할 때 파트너가 서로를 대하는 방식, 서로 배려하는 수준, 강압의 여부, 그것으로 얻는 즐거움의 양과 질을 기준으로 삼아야 한다." 게일 루빈Gayle Rubin

질병관리본부의 청소년건강행태조사에 따르면 한국 사회의 청소년들이 성관계를 시작하는 평균 나이가 점점 낮아지는 추세로, 2016년에는 13.1세였습니다. 그런데 성관계를 경험한 청소년 중 콘돔을 사용한 경우는 약 50퍼센트밖에 되지 않았습니다. 임신을 하게 된 10명 중 7명은 임신 중단을 했습니다. 한국 사회에서 HIV 감염은 10대와 20대에서 가장 빠른 속도로 증가하고 있는데, 원인은 콘돔을 사용하지 않는 안전하지 않은 성관계로 나타났습니다.

한국 사회가 여태까지 청소년을 얼마나 순수한 존재라고 생각해왔는지 혹은 섹스를 얼마나 숭고한(혹은 악한) 행위라고 생각해왔는지와 상관없이 이제는 더 이상 금욕주의적이고 보호주의적인 성교육으로는 청소년의 인권, 건강, 안전, 행복을 보장할 수 없습니다. 초등학교에서부터 시작해서 공교육 안에서 모두를 포함하는 성교육과 성평등 교육을 의무화하는 것은 물론이고, 유치원과 어린이집에서부터도 자신의 몸과 젠더, 섹슈얼리티는 스스로 결정하는 것이라고 자기결정권을 분명히 알려주고, 섹스는 섹스를 하는 주체들 간의 적극적인 동의가 필수라는 점(동의가 없으면 강간이라는 점)을 교육해야 합니다. 또한 서로 동의한 사람과 섹스를 할 때는 반드시 콘돔을 사용해 안전한 섹스를 해야 한다는 점은 아무리 강조해도 지나치지 않습니다.

전제 4

'동성애자를 인정하면 소아성애자, 동물성애자, 시체성애자, 사물성애자 등의 사람들도 인정해달라고 요구할 텐데 그때는 어떻게 할꺼냐?'는 질문을 하는 사람들이 있습니다. 소아성애자, 동물성애자, 시체성애자, 사물성애자 등의 사람들은 결코 성소수자에 포함되지 않으며 앞으로도 절대 포함되지 않을 것입니다. 이는 "동의"의 개념을 제대로 이해하지 못한 무지한 주장입니다. 동성애는 이성애와 마찬가지로 상호 동의하에 이뤄지는 관계에서 성립합니다.

01

1984년
인천에서 태어난
한 사람

먼저 한 사람의 이야기를 해볼까 합니다. 1984년 인천에서 태어난 이 사람은 기독교 가정에서 신앙인으로 살았습니다. 그러나 그가 자랑스러워하며 사랑하고 의지했던 교회는 그의 성적 지향을 이유로 그를 죄인이라고 했습니다. 더럽다고 했고 회개하라고 했습니다. 그는 예수의 가르침은 그렇지 않다는 것을 잘 알았고 성경의 정신 역시 그렇지 않다는 것을 알았지만, 성소수자를 비난하고 박해하는 교회는 그를 매우 힘들게 했습니다. 출생연도와 지역, 종교까지 저와 같았던 그는 누구나 그렇듯 자신의 존재를 인정받고 행복해지고 싶었던 평범한 한 사람, 고 육우당입니다.

육우당은 2003년 4월 25일, 열여덟 살의 나이에 자살로 생을 마감했습니다. 육우당은 자신과 같은 성별에 끌린다는 이유 하나만으로 저와는 매우 다른 삶을 살아야했습니다. 가정, 학교와 교회 등 그가 가장 친밀하게 여기고 좋아했던 공동체에서 놀림과 따돌림, 차별과 폭력을 당했고 결국 이 사회는 그를 죽음으로 내몰았습니다.

저는 육우당이 자살로 생을 마감한 2003년에 그를 몰랐을 뿐만 아니라 동성애와 성소수자에 대해 아무것도 알지 못했고 아무런 관심도 없었습니다. 오히려 "동성애자는 이성과의 성관계에서 더 이상 쾌락을 느낄 수 없어 동성과의 성관계를 한번 시도했다가 성 중독에 빠진 사람이다"와 같은 악의적이고 고의적으로 만들어진 루머와 편견을 아무런 의심 없이 믿고 있었습니다. '사랑'이 핵심이라고 믿는 그리스도인의 정체성을 가지고도 아무런 비판 의식 없이 교회와 사회에서 들어온 이야기에 따라 성소수자를 혐오했던 그때의 제 모습이 지금 돌이켜보면 너무나 창피하고 부끄럽습니다. 그래서인지 저는 육우당을 생각할 때마다 죄책감에 눈물을 흘리곤 합니다. 또한 그릇된 혐오와 폭력의 문화를 바로잡아야 한다는 부채감을 느낍니다.

육우당은 시와 가사 쓰기를 좋아했습니다. 유언에도 가사의 부흥과 성소수자가 차별받지 않는 세상에 대한 소망을 남겼을 정도로 시와 가사를 사랑했습니다.

하소연

세상은 우리들을 흉물인 양 혐오하죠.

그래서 우리들은 여기저기 숨어살죠.

하지만 이런 우리들도 사람인걸 아나요.

만민평등기원가萬民平等祈願歌

사람위에 사람없고 사람아래 사람없다.

귀따갑게 들어본 말이지만 이세상은 그렇지가 못하네.

이천년전 예수는 만민은 평등하다 말했고,

고려시대 만적은 왕후장상 종자가 따로 없다 말하여

우리는 이점들을 되새기나 실상은 그렇지가 못하네.

인종차별 학력차별 지역차별 성차별 종교차별 별의별

차별이 있다네. 세상엔 가짜평등이 설쳐대나 언젠가는

만민평등 천국같은 세상이 오리라.

(육우당,《내 혼은 꽃비 되어》, 동성애자인권연대, 2006)

신앙심 깊은 가톨릭 신자였던 육우당은 한국기독교총연합회 등의 위세를 부리는 기독교계에 성소수자에 대한 혐오와 차별이 난무하는 상황을 아파하며 교황이 "동성애는 죄가 아니다"라고 선언하는 날이 오기만을 간절히 바랐습니다. 지난 2013년 프란체스코 교황은 동성애에 대한 질문에 "만일 동성애자인 어떤 사람이 선한 의지를 갖고 신을 찾는다면 누가 그를 정죄할 수 있겠는가"라고 말했습니다. 육우당이 자살한 지 10년 만의 일입니다.

육우당은 '죄인'으로 낙인찍힌 일상에서부터 자살하는 순간까지 기독교인들이 '소돔과 고모라' 같은 성경 이야기를 동성애자를 혐오하고 차별하는 데 이용하지 않는 세상이 오길 꿈꿨습니다. 저는 이 책을 통해 그리스도가 전하는 핵심 가치로 성경을 제대로 읽고 해석하고 받아들이는 것에 대해 이야기해보려 합니다. 제대로 된 정보를 전달함으로써 육우당과 모든 성소수자에게 용서를 구하려 합니다.

지금 매우 절망스러운 현실에 좌절하고 낙담하고 있는 성소수자분들이 있다면, 지치지 말고 함께 버텨서 가까운 미래에 우리가 만들어낼 좋은 일들을 함께 맞이하면 좋겠습니다.

02

10대
성소수자 이야기

미국에서는 10대 노숙인 중 40퍼센트가 성소수자라고 합니다. 이 중에는 성적 지향이나 성 정체성을 이유로 부모에게 쫓겨난 청소년도 있고, 부모님의 폭언을 참다못해 집을 나온 청소년도 있습니다(Laura E. Durso & Gary J. Gates, *Serving Our Youth*, Williams Institute, 2012).

한국에는 아직 이에 관한 정확한 통계가 없지만, 한국에서도 많은 10대 성소수자가 집에서 쫓겨나거나 병원이나 교회로 '치료받으러 가자'는 폭력적 요구를 못

이겨 탈가정을 합니다. 18세 이하 성소수자 청소년의 45.7퍼센트가 자살을 시도한 경험이 있고, 53.3퍼센트가 자해를 시도해봤다고 합니다. 자해 행위나 자살 시도를 하는 또래 청소년이 평균 10퍼센트라는 점을 감안할 때 무려 다섯 배나 되는 높은 수치입니다(김승섭 외, 〈레인보우커넥션프로젝트1 – 한국 성인 동성애자, 양성애자 건강 불평등〉, 한국역학회지, 2017).

10대 성소수자의 삶을 결정하는 가장 큰 요소는 '부모의 태도'라고 해도 과언이 아닙니다. 부모가 자신의 자녀를 있는 모습 그대로 인정하고 존중하면 그 자녀는 자긍심을 가지고 자기 자신과 타인을 존중하는 사람으로 살아가게 됩니다. 또 10대 비성소수자와 비교해 건강, 학업, 진로, 소득, 행복지수 등에 아무런 차이를 보이지 않게 됩니다. 즉, 아무 일도 일어나지 않습니다. 반면 부모가 성소수자 자녀를 받아들이지 못하고 쫓아낸다든가 계속해서 자녀에게 큰 충격을 주는 부정적 말 ("하나님이 싫어하신다" "죄인이다" "지옥 간다")을 쏟아내고 교회나 정신병원에 '치료'받으러 가자고 하는 등 자녀를 몰아붙이면, 결국 가정을 떠난 자녀는 경제적 어려움을 겪게 되고 그로부터 야기되는 각종 어려운 일과 좋지 않은 선택을 마주하게 될 확률이 높습니다.

부모가 자기 자식의 성적 지향이나 성 정체성을 이유로 자녀를 버릴 수 있다는 사실에 저는 큰 충격을 받았습니다. 자신이 믿는 종교의 율법이나 도덕적 가치와 맞지 않는다고 해서 자식을 자식으로 인정하지 않고 버릴 수 있다는 것이 믿기지 않았습니다. 저희 부모님 역시 매우 신실한 그리스도인이시기 때문에 '만약 내가 성소수자였다면 부모님은 나를 어떻게 대하셨을까?' 하는 생각을 많이 해봤습니다. 아마도 저희 부모님은 울며불며 기도하고 저를 설득해 '치료'받자고 하셨을 것입니다. 저희 부모님처럼 선한 사람들에게 그들이 성소수자에 대해 품고 있는 생각이 어디서 기인했는지 그리고 과연 그것이 정확한 정보인지 깨닫게 해주는 일은 정말 중요합니다.

자녀가 성소수자라는 사실에 그토록 실망하고 분노하며 두려워하는 이유가 뭘까요? 기독교인이 아닌 사람들도 성소수자를 불편해할 수 있고 자기 자식이 성소수자라는 사실을 받아들이는 데 어려움을 겪기도 합니다. 하지만 가장 크게 갈등과 고통을 경험하며 자기 자식을 버릴 정도로 분노와 두려움을 느끼는 부모들의 공통점은 '성경이 동성애를 죄라고 한다'고 믿는다는 점입니다. 기독교인 부모는 비기독교인 부모보다 자녀를 있는 그대로 받아들이기 더 어려워합니다. 그래서 그리스도인 부모가 성경이 뭐라고 말하고 있는지 정확히 알도록 하는 일은 매우 중요합니다.

한국기독교사회문제연구원의 연구(2018년 4월 9일 발표)에 의하면, '동성애가 죄인가'라는 질문에 '그렇다'라고 대답한 비개신교인인의 응답률이 18.5퍼센트인데 비해 개신교인은 53.5퍼센트에 달했습니다. 비개신교인들 중에 '동성애는 죄가 아니다'라고 응답한 비율이 45퍼센트인데 비해 개신교인은 23퍼센트밖에 되지 않았습니다. 또한 동성애가 에이즈와 같은 질병의 원인이라고 생각하는 질문에 '그렇다'고 답한 개신교인은 55.1퍼센트, 비개신교인은 35퍼센트였습니다. 무엇이 그리스도인들(특히 개신교인들)을 합리적이고 이성적인 사고를 막고 과학에 기초한 사실을 받아들이는 일을 어렵게 하는지 분석하는 것은 매우 중요합니다. 그렇게 믿는 근거가 단순히 '성경에서 죄라고 했다고 하더라' 혹은 '우리 목사님이(혹은 부모님 등) 그렇게 말씀하셨다' 정도로 어딘가에서 들어 보았기 때문인 경우가 상당히 많습니다. 제대로 '팩트 체크'로 정확한 사실을 알게 하는 것이 큰 도움이 될 수 있습니다.

03

혐오와
차별의 탄생

　　대다수가 사회적 소수자와 약자에
너무 무관심하고 무지합니다. 사회 곳곳에 켜켜이 누적
된 혐오와 차별, 억압을 해소하기 위해서는 먼저 사회
적 소수자와 약자에 관심을 가지고 제대로 된 정보를
구하여 사실을 알아야 합니다. 그동안 무관심하고 무지
했던 자신의 모습을 반성하고 이 사회에서 무관심과 무
지에 의한 폭력과 차별을 당하고 있는 사회적 소수자와
약자에게 관심을 기울여야 합니다. 관심을 가지고 구한
제대로 된 정보를 토대로 정확한 사실을 알게 되면 비

과학적이고 비논리적인 공포심을 조장하는 악성 루머와 가짜 뉴스에 속지 않을 수 있습니다. 상대방에 대한 관심을 가지고 제대로 알아가려는 태도가 바로 사랑의 자세입니다. 관심도 없고 잘 알지도 못하지만 그냥 기분 나쁘다고 불편해하거나 미워하는 것은 사랑이 없는 것입니다.

자신이 직접 경험해보지도 정확히 알지도 못하는 많은 것을 그저 들어봤다는 이유만으로 믿는 사람들이 꽹장히 많습니다. 예컨대 동성애가 가정과 사회, 국가를 무너뜨리는 공산주의의 신무기라고 이야기하는 사람들이 있습니다. 이들에 따르면 북한에서 남한에 공산주의를 퍼뜨리기 위해 간첩을 내려보내는데, 그중 젊은 게이 남성 간첩들을 남한의 군대에 보낸다고 합니다. 그리고 북한의 게이 간첩들은 남한 군대에 항문 섹스를 전파하는데, 항문 섹스가 주는 쾌락이 커서 한번 경험하면 훈련도 나가지 않고 모두 내무실에서 항문 섹스만 하게 된다고 합니다. 훈련도 나가지 않고 항문 섹스

혐오와 차별의 탄생

만 한 군인들은 괄약근이 파열돼 대변이 새어 나오고, 결국 북한군이 남한을 쳐들어와도 막을 수 없다는 이야기입니다. 그래서 동성애는 군대를 마비시키고 국가를 무너뜨린다고 합니다. 게다가 아이를 낳을 수 없기 때문에 출산율 저하에 일조하므로 동성애는 가정과 사회, 국가를 지속할 수 없게 만드는 근원이라는 것입니다. 북한에서 남한에 게이 간첩을 보낼 것이라는 가정부터 내무실에서 섹스를 하느라 훈련을 나가지 않을 것이라는 상상까지 그 어느 하나 합리적이거나 이성적인 주장이 없습니다. 출산율 저하 역시 동성애와 관련이 없습니다. 이런 허무맹랑한 이야기를 바탕으로 성소수자와 공산주의(또는 주체사상)를 엮으며 '종북 게이'라는 말이 탄생했습니다.

"우리에게는 종교의 자유가 있다. 성소수자들이 그렇게 당당하면 스스로 당당하게 살면 될 것 아니냐! 우리는 우리가 해야 할 말을 하겠다"라고 하는 사람들도 있습니다. 이는 적절하지도 가능하지도 않은 주장입니다.

성소수자를 향한 전혀 과학적이지도 이성적이지도 않은 고정관념, 편견, 혐오가 난무하는 사회에서는 성소수자가 자기애, 자존감, 자긍심을 가지고 당당하게 살아가기 어렵습니다.

"여성과 성소수자를 차별하는 내용이 담긴 성경과 기독교를 왜 믿느냐? 믿지 않으면 될 것 아니냐?"라고 하는 사람들도 있습니다. 맞습니다. 그렇게 편하게 생각할 수 있는 사람들도 있습니다. "2000년 전에 쓰인 어느 한 민족의 역사책을 '유일한 진리'라고 믿을 필요 없다"라고 할 수 있습니다. 그러나 한편에는 성경이 무엇을 가르치는지가 무척 중요한 사람들도 있습니다. 자신의 신앙을 버릴 수 없는 사람들, 버리고 싶지 않은 사람들, 자신의 신앙과 신앙으로 인한 경험들이 소중한 사람들이 있습니다. 성소수자이면서 동시에 좋은 그리스도인이 되고자 하는 사람들, 성소수자에게 어떠한 고정관념과 편견 없이 좋은 이웃이 되고 싶은 그리스도인들에게는 성경이 동성애에 관해 실제로 무슨 말을 하고 있는

혐오와 차별의 탄생

지가 매우 중요할 수 있습니다.

'공산주의 신무기' 같은 이야기들은 성소수자에 대한 제대로 된 정보가 있는 사람에게는 웃음거리일 뿐이지만 성소수자에 아무 관심도 없고 제대로 된 정보도 접해볼 기회가 없었던 사람에게는 공포가 될 수 있습니다. 이렇게 사실과 전혀 무관한 비과학적이고 비논리적인 공포를 조장하는 악성 루머와 가짜 뉴스는 사회적 소수자와 약자에 대한 혐오, 차별, 억압으로 이어집니다. 사회적 소수자에 대한 공포와 두려움을 유발하고 혐오를 자극하는 메시지들을 미디어에서 전부 없앨 수 있다면 좋겠지만, 이런 메시지들은 영화, 드라마, 예능, 광고, 잡지, 인터넷, SNS 등 모든 곳에 퍼져 있기에 하루아침에 정화하기란 불가능합니다. 수많은 사람의 사고에 영향을 주는 미디어 내의 혐오 표현을 없애기 위해서는 장기적인 계획을 세우고 공교육과 캠페인을 통한 시민 의식의 향상, 법과 제도의 개선을 통해 다각도로 노력해야 합니다.

우리가 지금 당장 할 수 있는 일은 사회적 소수자와 약자에 대한 무관심과 무지를 넘어 관심을 가지고 제대로 된 정보를 구하는 것입니다. 그래야 거짓 정보가 무분별하게 뒤섞여 있는 수많은 미디어 사이에서 분별력을 가질 수 있습니다. 나아가 미디어를 감시하는 역할 또한 감당할 수 있습니다.

04

종교개혁과
오늘날의 한국 교회

종교개혁은 면죄부를 팔 정도로 부패한 로마가톨릭의 오류를 지적하고 교회를 개혁하기 위해 독일의 종교개혁가 마르틴 루터가 1517년 10월 31일 비텐베르크 교회 문에 95개 조 반박문을 게시하면서 시작되었습니다.

종교개혁 500주년을 넘긴 지금, 한국 교회에서는 면죄부가 사라졌을까요? 글쎄요, 저뿐 아니라 많은 분이 여전히 한국 교회가 면죄부를 팔고 있다고 생각하실 것입니다. 소극적으로 팔고 있는 정도가 아니라 매우 적극적으로 면죄부를 만들어 유통하고 강매한다고까지 할 수 있을 만큼 그 정도가 심각합니다. 주일성수와 십일조 및 각종 헌금이 천국행 티켓인 양 판매되고 있습니다. 일주일에 딱 두 시간만 교회에 나와 앉아서 헌금을 내면 구원받는 것처럼 말합니다. 십일조를 내면 축복은 덤입니다. 얼마나 간편한 복음입니까?

일요일에 교회에 빠졌다고 해서 혹은 교회를 다니지 않는다고 해서 천국에 가지 못하거나 지옥에 가는 것은 아닙니다. 《창세기》와 거의 같은 시대의 이야기로 알려진 《욥기》에 등장하는 욥이라는 인물은 교회(성전)라는 것이 존재하기 훨씬 전에도 하나님께서 '의로운 사람'이라 부르셨습니다.

편하기는 성도들도 마찬가지입니다. 삶의 모든 시간에 예수를 닮아가려고 노력할 필요 없이 일주일에 한 번, 두 시간만 나와서 앉아 있으면 됩니다. 교회에 나오는 시간 말고 나머지 시간은 전부 내 마음대로 살아도 됩니다. 다른 사람을 어떻게 대하는지는 중요하지 않습

종교개혁과 오늘날의 한국 교회

니다. 시간뿐 아니라 물질도 "내 모든 것을 하나님께서 주셨다"라고 말하지만 전부 돌려드릴 필요 없이 딱 10분의 1만 돌려드리면 됩니다. 돈을 어떤 방식으로 벌든 상관없습니다. 그래도 교회에서 인정하는 믿음 좋고 신실한 사람이 될 수 있습니다.

미국의 사업가이자 독실한 그리스도인이었던 록펠러는 각종 불법과 부정부패를 저지르면서까지 석유 사업을 독점했습니다. 경쟁사들은 모두 배제됐고 유가는 치솟았으며 광산 노동자의 인권은 땅에 떨어졌습니다. 형편없는 노동 현장과 임금에 파업을 감행한 노동자들을 탄압하려고 록펠러는 사설 군대를 만들었습니다. 광산 노동자들이 머무르는 천막에 불을 지르고 기관총을 난사해 여성과 아이 가리지 않고 50여 명을 잔인하게 죽였습니다. 미국 노동 운동사에 가장 참혹한 사건으로 기록된 '러드로 학살'(1914년)입니다.

그러나 십일조와 물질의 축복을 연결하고자 하는 사람들은 록펠러가 무슨 짓을 저질렀든 상관하지 않습니다. 그저 평생 십일조를 지켜서 하나님께 엄청난 축복을 받은 사람이라고 이야기할 뿐입니다. '축복을 받기 위해서' 십일조를 내라고 하는 교회에 다니고 있다면 지금 당장 그 교회를 떠나도 좋습니다. 전혀 성경적이지 않은 거짓을 가르치고 있기 때문입니다.

성경을 보면, 아무런 흠이 없는 순결한 동물(양과 같은 가축, 그것을 드리기 어려우면 비둘기)로 십일조를 내라고 했지만, 자신의 상황에 따라서 '고운 가루'를 낼 수도 있었습니다. 십일조의 양이나 모양이 중요하지 않다는 뜻입니다. 경제 활동을 하지 않는 혹은 못하는 사람들과 나누어 먹을 수 있도록 땅에서 나는 것들, 소나 양 등으로 십일조를 내도록 했습니다. 그러나 옮길 수가 없는 경우에는 돈으로 바꾸어 중앙성전(하나님께서 정하신 곳)에서 다시 소나 양, 포도주를 사서 하나님 앞에서 가족들과 함께 먹고 즐거워하라고 했습니다.

오직 제사만 담당하는 레위인과 제사장(종교 지도자)들은 분배받은 땅이 없어 따로 소득이 없으므로 십일조로 드린 음식을 함께 먹도록 했습니다. 그리고 나그네, 고아, 과부 등 가난하고 소외된 사람들과 함께 십일조로 드린 음식을 나눠 먹으라고 했습니다(《신명기》14장 22~29절).

과연 십일조를 강조하고 강요하는 교회들이 십일조를 이러한 목적으로 사용하고 있는지 의문입니다. 원래의 목적대로 성도들이 낸 십일조를 온전히 교회 공동체 내의 가난한 사람들과 지역사회의 가난하고 소외된 사람들에게 나눈다면 십일조 자체를 반대할 일이 없습니다. 하지만 축복을 미끼로, 구원을 보장하는 면죄부로 십일조를 팔며 교회의 재산을 늘리고 목사 개인이 이를 사유화하는 행위는 하나님의 이름과 성경을 이용하여 성도들을 속이는 일입니다.

05

성경을
해석하는 권위

이 책을 통해 전해드리는 정보가 제 삶을 바꿨듯이 여러분의 삶도 바꿀 것이라고 장담할 수는 없습니다. 사람이 수년 또는 수십 년간 배우고 사회화한 것을 깨기란 쉽지 않기 때문입니다. 이 책의 내용을 모두 믿거나 기억할 필요는 없지만, 단 하나만은 꼭 기억하셨으면 좋겠습니다. 바로 성경을 해석하는 권위를 누군가에게 맡겨버리지 말라는 당부입니다.

누구도 여러분의 삶을 규정하고 정죄할 수 없습니다. 산다는 것은 자신의 이야기를 만들어가는 과정입니다.

성경은 그 안의 교훈들로 우리가 풍성한 삶의 이야기를 만들어가는 과정을 돕습니다. 성경을 통해 얻은 교훈들은 타인을 '있는 모습 그대로' 인정하고 존중하며 사랑할 수 있게 합니다. 성경은 결코 '있는 모습 그대로' 살아가고자 하는 사람들을 판단하고 정죄하거나 심판하지 않습니다. 성경의 가르침은 자신의 삶을 돌아보게 하고 다른 사람을 더욱 사랑하게 만듭니다. 만약 성경을 이용해서 다른 사람을 비난하고 정죄하는 사람이 있다면, 그는 분명 뭔가 잘못하고 있는 것입니다.

사람이 어찌 하나님의 것을 도둑질하겠느냐. 그러나 너희는 나의 것을 도둑질하고도 말하기를 '우리가 어떻게 주의 것을 도둑질하였나이까' 하는도다. 이는 곧 십일조와 봉헌물이라. 너희 곧 온 나라가 나의 것을 도둑질하였으므로 너희가 저주를 받았느니라. 《말라기》 3장 8~9절

하나님의 것을 도둑질할 수 없다는 《말라기》의 구절

성경을 해석하는 권위

은 십일조와 축복을 이야기할 때 많이 인용하는 말씀인데, 이는 성도들을 향한 것이 아니라 종교 지도자들을 향한 경고의 말씀입니다. 하나님께 바친 십일조(소와 양 등) 중에서 좋은 것은 가로채고 덜 좋은 것으로 제사를 드리는 제사장이 많았고, 백성에게 제사장은 그렇게 해도 된다고 가르치며 자신의 행동을 합리화했기 때문입니다. 이 구절은 절대 성도들에게 "빚을 내서라도 십일조를 반드시 내야 한다"고 강조하는 것이 아닙니다. 성도들의 돈과 교회 재정을 횡령하여 자기 배만 불리는 목사들을 향한 경고의 말씀입니다.

교회는 사람이 모이는 곳이고, 함께 모여 교제하고 예배하고 좋은 일을 하려면 안정적·지속적으로 모일 장소를 마련하고 사업비를 충당할 돈이 필요하기 마련입니다. 그러나 주객이 전도되어 성도를 돈으로 보고, 헌금을 많이 걷으려면 사람이 많아야 하므로 전도를 강조하고, 또 헌금을 많이 걷으려면 유인책이 있어야 하므로 축복을 강조하는 교회가 매우 많습니다. 자신들이 원하는 대로 말할 수 있는 근거를 마련하기 위해서, 신뢰와 권위를 갖추기 위해서 성경 구절을 이용하는데, 인용하는 구절의 앞뒤 문맥이나 성경이 기록된 당시의 시대 상황, 저자의 의도 등은 모두 무시한 채 발췌해버립니다.

예컨대 기독교인이 가장 좋아하는 성경 구절이자 가장 많이 인용하는 성경 구절인 "내게 능력 주시는 자 안에서 내가 모든 것을 할 수 있느니라"(《빌립보서》 4장 13절)라는 구절은 감옥에 갇힌 바울이 자신은 그동안 비천함이나 풍부함, 배고픔이나 배부름 등 어떤 형편에서도 자족할 수 있게 됐다는 간증입니다. 이는 '아무리 어려운 일이라도 하나님이 도와주실 것을 믿고 전진해서 위대한 업적을 달성하라'는 뜻이 아닙니다.

앞으로 살펴보겠지만, 동성애를 비난하는 근거로 쓰이는 성경 구절들도 이와 마찬가지로 그저 문자 그대로 인용되어 사용됩니다. 게다가 의도적이고 악의적인 오역과 곡해를 덧붙입니다.

사실 기독교와 동성애는 큰 관계가 없습니다. 성경은 동성애뿐 아니라 이성애에도 별 관심이 없습니다. 성경은 하나님의 제한 없고 조건 없는 사랑에 대한 이야기입니다. 하지만 성경에서 말하는 사랑은 로맨틱 끌림이나 성적 끌림에 한정된 사랑이 아닙니다. 성적 지향은 성경의 중심 내용도 아니고 중심 사상과도 크게 관련 없습니다. 그런데 왜 기독교계는 이토록 동성애에 감정적으로 반응할까요?

그동안 성경을 근거로 주장했던 과학자들을 향한 비난, 왼손잡이에 대한 공격, 노예제도 옹호 및 인종차별, 여성을 가축과 같은 재산으로 여기던 성차별 등을 합리적 주장으로 받아들이는 사람은 더 이상 없습니다. 역사적으로 이러한 실수를 반복해왔다면 '아, 그동안 기독교는 성경을 이용해 기득권층의 특권을 지키는 역할을 했구나' 하고 반성할 수 있어야 합니다.

그런데 지금까지의 일들을 통해서 배운 게 전혀 없다는 듯이 몇몇 성경 구절을 내세우며 성소수자를 억압하고 있습니다. 심지어 성소수자를 차별하고 억압하는 것이 자신의 신앙을 지키고 성경의 무결성을 증명하며 진리를 수호하는 것처럼 여깁니다. 동성애를 '인정'하면 '성경에는 오류가 없다'는 그들의 주장이 완전히 박살나는 것처럼 위기감을 느낍니다.

성경에는 총 3만 1173개의 구절(개신교 성경 66권을 기준으로)이 있는데 그중 약 60개 구절이 정욕에 대해 경고합니다. 그리고 약 7개 구절이 동성애를 정죄하는 근거로 이용됩니다. 한편 돈과 물욕에 대해 경고하는 구절은 2000개가량 됩니다. 성경은 비교가 안 될 정도로 많은 분량을 할애해서 돈에 대해 경고하고 있음에도 돈보다 동성애에 대해 경고하고 정죄하는 설교가 더 많이 들리는 게 현실입니다.

예수는 부에 대해 매우 강도 높게 경고합니다. "부자는 천국에 들어가기 어렵다"고 했습니다. 얼마나 힘드냐면, 밧줄이 바늘구멍에 들어갈 만큼 힘들다고 했습니다. 과장법과 비유법을 사용해 '불가능하다'고 말한 셈

성경을 해석하는 권위

입니다. 그만큼 '돈을 사랑하지 말라'는 이야기입니다.

돈을 사랑함이 일만 악의 뿌리가 되나니 이것을 탐내는
자들은 미혹을 받아 믿음에서 떠나 많은 근심으로써 자
기를 찔렀도다.   《디모데전서》 6장 10절

이렇게 성경은 돈을 사랑하는 것이 악의 뿌리라고 경
고합니다. 그런데 수많은 교회에서 돈을 많이 버는 것
이 하나님의 축복이라고 가르칩니다. "성경은 돈이 나
쁘다고 말하지 않는다. 돈을 대하는 태도, 즉 물욕을 경
계하라고 가르친다"라며 부자가 되고 싶은 사람들을 안
심시키며 "돈에 욕심을 내지 않으며 하나님 일에 힘쓰
면 물질의 축복을 주신다" 따위의 이야기로 에둘러 표
현합니다. 교회에서 돈과 동성애에 대해 어떻게 가르치
는지를 살펴보면 얼마나 성경을 자의적으로 곡해하고
자신의 입맛에 맞게 이용하는지 알 수 있습니다.

06

성경의 핵심 가치와
근본주의

성경에는 '사랑'이라는 단어가 600회 가량 나옵니다. 성경을 제대로 읽고 해석하기란 어려운 일입니다. 당시의 시대 상황과 문화, 저자의 가치관까지 파악하는 복잡한 과정이 필요하기도 합니다. 그런데 복잡하지 않은 것이 단 한 가지 있는데, 그것은 기독교의 핵심 가치가 '사랑'이라는 점입니다. 우리는 성경을 통해 하나님의 사랑을 느끼고 배우고 알아갑니다. 기독교는 "하나님은 사랑이다"라고 합니다. 하나님은 사랑이 많은 분이 아니라 사랑 그 자체라는 말입니다. 하나님의 사랑은 조건도 없고 제한도 없습니다. 한 사람 한 사람에게 "천하보다 귀한 한 영혼"이라고 말하며 이 세상 모든 것보다 한 사람이 더 귀하다고 하면서 그 한 사람을 하나님께서 무조건적·무제한적으로 사랑하신다고 말합니다.

그런데 무조건적·무제한적인 하나님의 사랑을 이야기하면서 "성소수자는 빼고"라고 할 수 있을까요? 기독교는 사랑의 종교입니다. 예수의 삶과 성경 전체를 통해 전하는 메시지는 사랑과 환대입니다. 이웃을, 사회적 약자들을, 그리고 원수까지도 사랑하라는 것이 예수의 가르침입니다. 나그네를 환대하고 예수께 하듯 극진히 대하라는 것이 성경의 메시지입니다. 그러나 원수도 아니고 자신에게 잘못하거나 피해를 준 적도 없는, 심지어 잘 알지도 못하는 사람들을 향해 '성경'의 이름으로 폭력을 행하고 있는 것이 현실입니다.

성경을 문자 그대로 믿으려 하는 태도를 '근본주의'라고 합니다. 성경을 글자 그대로 믿어도 될까요? 우선

성경의 핵심 가치와 근본주의

성경이 어떻게 쓰였고 지금까지 어떻게 전해졌는지 살펴봐야 합니다. 사람들이 어떤 경험을 했습니다. 그리고 그 경험이 입에서 입으로 전해져 내려옵니다. 그러다 어느 순간 구전되던 이야기들이 기록됩니다. 이 첫 번째 기록(원문)은 현재 하나도 남아 있지 않습니다. 그 기록들을 옮겨 적은 필사본만이 남아 있습니다. 그리고 그 기록 중에서 정경과 외경을 분류합니다. 무엇을 성경에 포함하고 무엇을 뺄지 정한 것입니다. 그리고 히브리어, 아람어, 그리스어로 되어 있는 성경을 종교 지도자들만 읽을 수 있게 했다가 아주 오랜 시간이 지난 뒤 독일어로 번역됐습니다. 그리고 우리는 한국어나 영어 등 자신이 사용하는 언어로 번역된 성경을 보고 있습니다. 이 과정을 다 누가 했을까요? 네, 맞습니다. 사람이 했습니다. 약 1600년에 걸쳐 사람들이 전하고 기록한 이야기가 성경입니다.

기독교에서는 성경이 사람들이 만든 것이라고 인정하지만 "그 모든 과정에 성령이 개입했다"고 합니다.

즉, 성경은 "성령의 감동에 의해서 쓰였다"고 합니다. 저는 성경이 성령의 역사와 개입에 따른 결과물이라고 믿어도 좋다고 생각합니다. 다만, 성경은 하나님과 저자들이 받아쓰기로 만든 책이 아니며 성령이 임할 때 저자들이 의식을 잃고 펜이 자동으로 굴러간 것도 아닙니다. 따라서 당시의 문화와 사회적 배경 위에 저자의 가치관과 세계관이 반영된 결과물이라는 사실을 반드시 알아야 합니다.

성경에는 아무 오류도 없고 아무 해석도 필요 없다며 글자 그대로 절대적으로 믿어야 한다는 주장은 매우 위험합니다. 성경은 오랜 시간에 걸쳐 많은 사람이 기록했기 때문에 모순된 부분도 있을 수 있고 오류도 있을 수 있지만, 성경을 읽는 각 사람에게 성령이 역사한다고 믿는 편이 더 좋습니다. 그렇게 인식할 때 긴 시간 동안 수많은 저자에 의해 축적된 경험과 지혜를 지금 이 시대에 사는 나에게 적용할 수 있습니다.

07

공포가
필요한 사람들

한국의 근본주의적 대형 교회와 보수 정당은 한국 사회에서 '종북몰이·빨갱이 공격'이 더 이상 먹히지 않자 동성애를 새로운 표적으로 설정한 듯합니다. 목표, 비전, 지지자, 성도 등 많은 것을 잃어버린 그들은 더 좋은 세상을 위한 희망과 계획을 제시하기보다 또다시 사회적 소수자를 이용해 '공포'와 '혐오'를 팔려고 합니다. 외부의 적을 만들어 내부의 결속력을 다지고 다시 세력을 확장할 기회를 엿보고 있는 걸까요?

그러나 지금 한국은 그 어느 때보다 다양성과 인권에 대한 관심이 커지고 있습니다. 성소수자들은 자신의 삶과 젠더, 섹슈얼리티에 자긍심을 가지고 있고, 성소수자의 인권을 지지하는 사람들도 점점 더 많아지고 있습니다. 이제는 다시 과거로 되돌릴 수 없습니다.

인류 역사의 진보는 더 많은 사람, 궁극적으로 모두를 '포함'하는 사회를 만드는 것입니다. 다른 사람을 배제하고 차별하며 자신의 우월성을 증명하려는 시도는 결코 지지받을 수 없습니다. 지금 우리는 혐오와 배제의 문화를 만들어갈 것이냐 존중과 포함의 문화를 만들어갈 것이냐의 기로에 서 있습니다.

08

동성애 비난에
이용되는 성경 구절

이제 동성애를 정죄하는 데 이용되는 성경 구절들을 하나씩 살펴보겠습니다. 성경은 예수의 탄생과 사역을 전후로 구약과 신약으로 나뉘는데, 먼저 구약에 있는 구절들부터 알아보도록 하겠습니다.

1. 생육하고 번성하라! – 《창세기》1장 28절

하나님이 그들에게 복을 주시며 하나님이 그들에게 이르

시되 생육하고 번성하여 땅에 충만하라, 땅을 정복하라, 바다의 물고기와 하늘의 새와 땅에 움직이는 모든 생물을 다스리라 하시니라.　　　　　　　　《창세기》1장 28절

성경에서 "생육하고 번성하여 땅에 충만하라"라고 했는데, 동성애로는 아이를 낳을 수 없기 때문에 '생육하고 번성하라'는 명령을 지킬 수 없으므로 동성애는 죄라고 주장하는 사람들이 있습니다. 출산을 하지 않는 혹은 못하는 동성애는 생득적·본질적·내재적으로 죄라는 이야기입니다. 정말 그럴까요?

《창세기》는 이스라엘이 무너지고 나서 이스라엘을 재건해야 했을 때 쓰였습니다. 그래서 충분한 인구를 확보해야 했기에 성경에서 가장 먼저 나오는 하나님의 명령을 '생육하고 번성하라'로 했다고 보고 있습니다.

인구수 증가가 필요했던 당시 이스라엘의 상황은 어찌 보면 지금 한국의 상황과 비슷할지도 모릅니다. 2002년 초저출산 국가에 들어선 한국은 곧 인구절벽 시

대를 맞이할 전망입니다. 이런 상황에서 여러분이 만약 '국가 경쟁력을 위해 인구수 확보가 필요하다'고 생각하는 사람이며, 하나님의 이름을 빌려 쓸 수 있는 정치·종교 지도자의 위치에 있고, 대다수 사람이 하나님을 믿고 여러분을 하나님의 대리인으로 믿는다면 어떤 결정을 하겠습니까? "출산은 하나님의 축복이고 하나님께서는 당신이 생육하고 번성하기를 원하신다"라고 말하고 싶은 충동이 생기지 않을까요?

출산율을 높여 인구를 늘려야 한다는 것은 지도자, 경영자의 생각입니다. 성경도 이러한 면에서 자유롭지 못합니다. 종교의 힘으로 백성에게 자신들이 원하는 메시지를 주입하기 위해 쓰인 면이 있음을 잊지 말아야 합니다. 성경에는 성경 저자가 처음부터 어떤 목적을 가지고 쓴 부분도 있습니다. 또 나중에 설교자가 자신이 원하는 목적과 방향대로 해석해서 성도들에게 전하는 부분도 있습니다. 따라서 이를 잘 분별하여 성경을 읽고 설교를 듣는 능력이 필요합니다. 설교자가 말했다고 전부 그대로 믿어야 하는 것은 아닙니다. 질문하고 의심하고 찾아보고 확인하며 내가 받아들일 것만 내 것으로 만들어야 합니다.

성경은 출산을 목적으로 하지 않는 성관계를 모두 잘못된 행동으로 묘사합니다. 당시에는 남자의 정자를 '씨'라고 생각하고 그 씨 안에 모든 게 다 들어 있어서 여자는 오로지 씨를 받아 배양하기만 한다고 생각했습니다. 그래서 그 씨를 낭비하는 일은 죄악이라고 여겼습니다.

유다가 오난에게 이르되 네 형수에게로 들어가서 남편의 아우 된 본분을 행하여 네 형을 위하여 씨가 있게 하라. 오난이 그 씨가 자기 것이 되지 않을 줄 알므로 형수에게 들어갔을 때에 그의 형에게 씨를 주지 아니하려고 땅에 설정하매 그 일이 여호와가 보시기에 악하므로 여호와께서 그도 죽이시니. 《창세기》 38장 8~10절

동성애 비난에 이용되는 성경 구절

지금 한국 사회처럼 아이를 낳아서 키울 수 있는 환경이 안 되어 있는데, 계속 아이를 낳으라고 강요하기만 한다고 과연 사람들이 아이를 많이 낳을까요? 그러려면 우선 아이를 낳아 기르고 싶은 사람이라면 누구나 아이를 낳아 기를 수 있는 환경부터 만들어야 합니다.

보건복지부와 한국보건사회연구원 발표 자료를 보면 자녀 1인당 양육비가 3억 원이 훌쩍 넘습니다. 아무리 열심히 공부하고 일해도 안정적인 일자리를 구할 수 있을지, 사랑하는 사람과 결혼해서 함께 살 수 있을지, 내 집 마련이 가능할지 막막하기만 합니다. 이 시대 청년들은 아이를 낳고 싶어도 낳을 수 없는 '사회적 난임' 현상을 겪고 있습니다. 저출산 현상은 절대 젊은 세대의 이기심이나 여성들의 이기심 때문이 아닙니다.

특히 여성이 경험하는 성차별은 여전히 너무나 심각합니다. 여성이라는 이유만으로 당하는 성차별은 생애주기와 상관없이 언제나 존재하지만, 결혼과 임신, 출산을 하면 점점 더 사회와 단절되고 자신의 삶을 살기가 힘들어집니다. 만일 국가가 더 많은 여성에게 결혼과 임신, 출산을 장려하고자 한다면 협박을 하거나 막연히 그에 대한 환상을 심어주기보다는 여성이 평생 경험하는 전방위적이고 다층적인 성차별을 없애는 것이 가장 좋은 방법입니다.

오난은 체외사정을 하고 죽임을 당했습니다. 오난은 당시 풍습에 따라 형을 대신해 형수를 임신시켜 형의 자손을 볼 수 있도록 해야 했는데 형에게 속한 자손을 만들어주기 싫어서 형수와 잠자리를 할 때 체외사정을 했습니다. 이 행동은 임신 및 출산과 상관없는 혹은 반대되는, 씨를 낭비하는 일이었기에 죽임을 당하는 벌을 받았습니다.

같은 이유로 교회는 오랫동안 자위행위와 콘돔 사용 같은 피임을 죄악시해왔습니다. 아이를 많이 낳도록 하려는 의도가 담긴 구절들은 신약에서도 찾아볼 수 있습니다.

여자는 일체 순종함으로 조용히 배우라. 여자가 가르치는 것과 남자를 주관하는 것을 허락하지 아니하노니 오직 조용할지니라. 이는 아담이 먼저 지음을 받고 하와가 그 후며 아담이 속은 것이 아니고 여자가 속아 죄에 빠졌음이라. 그러나 여자들이 만일 정숙함으로써 믿음과 사

랑과 거룩함에 거하면 그의 해산함으로 구원을 얻으리
라.   《디모데전서》 2장 11~15절

이 구절을 이유로 아직도 여성은 목사가 될 수 없다
는 교단들이 있습니다. "어디 여자가 기저귀를 차고 교
단에 올라오냐"라고 말한 목사도 있습니다. 교회에서
교사로 봉사할 때 여성은 유치부와 초등부까지만 맡을
수 있고 중고등부는 맡을 수 없게 하는 교회도 있습니
다. 10대부터는 남자아이들이 '남자'가 되기 때문에 여
자가 가르칠 수 없다는 것입니다. 정말 우습지 않나요?
이렇듯 문자주의·근본주의적으로 성경을 대하는 태도
가 여전히 존재합니다.

　'해산을 통해 구원을 얻으라'는 부분은 또 어떤가요?
남성은 예수 믿고 구원받지만, 여성은 출산으로 구원받
으라는 게 말이 되나요? 이는 국가가 커져야 하는 상황
에서 출산을 독려하기 위해 나온 구절로 이해해야 합
니다.

오늘날 한국에도 출산이 애국이고 하나님의 명령이라고 하는 사람들이 있습니다. 국가가 "아들딸 구별 말고 하나 낳아 잘 기르자" 운동을 하던 당시에는 교회가 '출산은 하나님의 명령'이라고 말하지 않았습니다. 항상 같은 원칙을 지키는 게 아니라 정치적·사회적·경제적 유불리를 따져서 자신들이 하고 싶은 말을 성경에서 찾아 이용합니다. 그 문장이 쓰인 상황과 문맥은 고려하지 않습니다.

세상에는 출산할 수 없는 또는 출산을 선택하지 않는 많은 사람이 있습니다. 이미 완경에 이른 여성들, 불임이나 난임인 사람들, 다양한 이유로 피임하는 사람들이 있습니다. 출산을 안 하거나 못 한다고 해서 동성애자들에게 적용하는 논리로 그들 모두를 똑같이 비난하시겠습니까?

출산 말고 다른 방법으로 "땅에 충만하라"라는 명령을 지킬 수 있을까요? 네, 물론입니다. 이미 태어난 생명들을 잘 보살피는 방법을 통해 더 건강하고 행복하게 살 수 있는 사회를 만든다면 땅에 충만함이 가득할 수 있습니다.

더 읽기

- 많은 사람이 병이 생기면 자신의 건강이 아니라 병원비를 먼저 걱정합니다. 병원비 걱정 없는 세상을 만들 수 있을까요? 네, 가능합니다. 건강보험의 보장 수준을 지금보다 훨씬 더 높일 수 있습니다. 수많은 사람이 십수만 원에서 수십만 원의 비용을 들여 실비보험, 생명보험 같은 각종 사보험을 붓고 있습니다. 재벌 등 최상위 부자들에게 부과하는 건강보험료의 최대 상한액 제한을 열어 재산과 소득에 맞게 보험료를 올리고 서민들에게는 1~2만 원 정도만 올려도 우리는 사보험이 필요 없는 사회에서 살 수 있다고 합니다.

- 자살이 너무 많습니다. 10~30대 사망 원인 1위가 자살입니다. 40대는 암 다음으로 2위입니다. 노년기 인구에서도 뇌경색, 심근경색, 암과 더불어 자살은 사망 원인 최상위권에 속합니다. 이렇게 나이와 상관없이 전 세대에서 자살로 인한 사망자가 많이 발생하는 나라는 한국밖에 없습니다. 나이, 성별, 성적 지향, 성 정체성, 장애, 소득 수준 등의 사회적 정체성을

모두 고려해 자살 원인을 분석하고 자살 예방 방침을 세워 노력해야 합니다.

- 초저출산 국가가 됐다며 걱정하면서도 우리는 이주민들의 정착을 제대로 돕지 못하고 있습니다. 결혼이주여성 자녀에 대한 차별로 초등학교나 중학교를 중퇴하는 등 학업 성취도 저하 문제가 심각한데, 이는 취업과 소득의 문제로 이어집니다. 2016년 기준으로 200만 명이 넘는 이주민과 체류 외국인이 우리와 함께 살고 있지만, 한국은 아직도 결혼이주여성과 그들의 자녀를 사회 구성원으로 받아들일 준비가 되어 있지 않습니다. 한국 사회는 인종차별이 굉장히 심합니다. 이주민을 차별하지 않고 공동체 구성원으로 받아들이고 존중하며 함께 사는 성숙한 시민 의식이 필요합니다.

- 우리는 빈곤이라는 사회 문제를 없앨 수 있습니다. '단군 이래 최고 스펙'을 갖춘 청년 세대지만 실업률은 역대 최고로 높고 고용 안정성은 점점 악화하고 있습니다. 결혼과 출산을 계획하기 어렵습니다. 2016년 기준으로 자녀를 하나 낳아 키우는 데 평균 3억 6000만 원이 든다고 합니다. 수도권에서 집을 사려면 3억 원이 필요합니다. 경제 정의를 바로 세워 빈곤 문제를 해결해야 더 많은 사람이 더 풍성하고 아름답게 살고, 원하는 사람은 누구나 자녀를 낳아 기를 수 있는 세상을 만들 수 있습니다.

동성애 비난에 이용되는 성경 구절

- 투명하고 신뢰할 수 있는 입양 절차를 확립해 성숙하고 안정적인 입양 문화를 만들 수 있습니다. 그러면 출산 대신 입양, 임신 중단 대신 입양, 해외 입양 대신 국내 입양 등 다양한 선택지 중에서 자신에게 가장 적합한 선택을 좀 더 자유롭게 할 수 있는 사회를 만들 수 있습니다.

- 《창세기》 1장 28절 마지막 부분에 "땅을 정복하라, 바다의 물고기와 하늘의 새와 땅에 움직이는 모든 생물을 다스리라"라고 했다고 해서 지금처럼 환경을 마구 오염시키고 동물을 비롯한 다른 생명을 인간의 욕심을 채우기 위한 도구로 사용하는 행태를 옹호해서는 안 됩니다. 여기서 정복하고 다스리라는 말은 '함께 공존하라'는 뜻이지 공장식 도축산을 해도 된다거나 자연을 마구 사용하고 황폐화해도 된다는 뜻이 아닙니다.

2. 아담과 스티브가 아니다. 아담과 이브다!
- 《창세기》 2장 18~24절

여호와 하나님이 이르시되 사람이 혼자 사는 것이 좋지
아니하니 내가 그를 위하여 돕는 배필을 지으리라 하시

니라. 여호와 하나님이 흙으로 각종 들짐승과 공중의 각종 새를 지으시고 아담이 무엇이라고 부르나 보시려고 그것들을 그에게로 이끌어 가시니 아담이 각 생물을 부르는 것이 곧 그 이름이 되었더라. 아담이 모든 가축과 공중의 새와 들의 모든 짐승에게 이름을 주니라. 아담이 돕는 배필이 없으므로 여호와 하나님이 아담을 깊이 잠들게 하시니 잠들매 그가 그 갈빗대 하나를 취하고 살로 대신 채우시고 여호와 하나님이 아담에게서 취하신 그 갈빗대로 여자를 만드시고 그를 아담에게로 이끌어 오시니 아담이 이르되 이는 내 뼈 중의 뼈요 살 중의 살이라 이것을 남자에게서 취하였은 즉 여자라 부르리라 하니라. 이러므로 남자가 부모를 떠나 그의 아내와 합하여 둘이 한 몸을 이룰지로다. 《창세기》 2장 18~24절

일단 남성이 여성의 자궁에서 나온 게 아니라 여성이 남성의 갈빗대로 만들어졌다는 이야기를 읽으며 우리는 이러한 신화가 얼마나 남성중심적 사고를 가진 시대

동성애 비난에 이용되는 성경 구절

에 만들어진 이야기인지 알아야 합니다.

하나님이 아담에게 많은 동물 친구들을 주었으나 적당한 돕는 배필을 찾지 못했습니다. 그래서 아담의 갈빗대 하나를 꺼내어 그의 짝꿍을 만들어 주었다고 합니다. 그런데 여기서 중요한 점은 아담은 남성, 이브는 여성이라는 획일적인 성별 이분법에 의한 성별 구분이 아닙니다. 아담은 그저 한 인간이었고, 이브도 그와 더불어 존재하는 한 인간으로 창조됐다는 점입니다. 둘의 관계에 집중해서 살펴봐야 합니다.

이브의 창조를 묘사하는 구절을 근거로 이브가 아담을 위해 만들어졌고 그렇기 때문에 이브가 아담에게 종속된 존재라고 주장하는 사람들이 있습니다. 하지만 이 이야기의 히브리어 원문을 보면 두 사람의 관계는 '에제르 게네그도ezer kenegdo'라는 단어로 표현되어 있습니다. 이는 '상호 보완하는 힘corresponding strength'이라는 뜻입니다. 한 사람이 다른 사람과 관계 맺고 이어져 있음으로써 상호 보완적으로 완전해지는 느낌을 말합니다.

'돕는 배필'이란 절대 집안일을 하는 종이나 노예를 말하는 게 아닙니다. 여성이 남성에게 종속되어 있거나 열등하다는 의미도 절대 아닙니다. 이는 동등하고 평등한 관계를 뜻합니다. 《잠언》의 "나의 도움이 어디에서 오나, 하나님으로부터입니다"라는 구절에서도 '에제르'가 쓰였습니다. "하나님은 나의 힘. 하나님은 나의 도움God is my strength. God is my helper"이라고 할 때의 그 '헬퍼helper'입니다.

하나님이 인간을 창조하는 과정에서 여자가 남자에게서 나왔고, 이러한 창조 질서에 따라 남자에게 권위가 주어졌고, 선악과를 따 먹고 남자도 함께 먹게 한 여자는 그 타락의 대가로 남자의 지배를 받게 되었다고 주장하는 사람들도 있습니다.

또 여자에게 이르시되 내가 네게 임신하는 고통을 크게 더하리니 네가 수고하고 자식을 낳을 것이며 너는 남편을 원하고 남편은 너를 다스릴 것이니라 하시고.

《창세기》 3장 16절

타락의 결과와 그에 대한 벌이 임신의 고통이고 그 고통을 이기고 출산을 해야 구원을 받을 수 있다는 말입니다. 또 그런 고통이 있어도 여자는 자신을 다스리는 남편을 원하게 될 거라는 이야기입니다. 매우 가부장적이고 남성중심주의와 남성우월주의가 강고한 사회를 그대로 반영하는 텍스트입니다. 이런 구절을 통해서 우리가 알 수 있는 것은 '하나님의 뜻'이 아니라 당시 사람들의 인식입니다. 그리고 수천 년 전이나 지금이나 여성혐오misogyny가 크게 다르지 않다는 점입니다.

이 이야기가 주는 교훈은 하나님은 사람의 젠더가 아니라 '관계'에 있다는 점입니다. 이상적인 인간관계는 상호 존중하고 지지하는 평등한 관계에서 이루어지는 교제입니다. 동성 파트너들 사이에서도 이런 관계가 있을 수 있을까요? 네, 당연히 그렇습니다.

혹시 동성애자들은 섹스밖에 모르고 관계에는 관심이 없다고 생각하시나요? 그렇다면 바꿔서 질문해보죠. 이성애자 중에 사랑이나 헌신적 관계를 전제하지 않고 성관계만 즐기는 사람이 있을까요, 없을까요? 오늘 밤 '원나잇'을 하는 이성애자는 몇 명이나 될까요? 성매매를 하는 이성애자는 얼마나 될까요? 자신의 파트너 몰래 불륜을 저지르는 이성애자는 얼마나 될까요? 성적 문란함이나 파트너에 대한 불성실함을 지적하려면 그저 그 행위를 지적하면 됩니다. 그런 것들은 이성애 혹은 동성애와 관계가 없습니다.

더 큰 문제는 평등결혼제도(동성결혼)의 부재입니다. 장기간(때때로 평생) 독점적인 일대일의 헌신적인 사랑을 하며 서로의 가족이 되고 싶어 하는 동성애자들에게 사회가 제공하는 제도적 차원의 최소한의 보장이 전혀 없습니다. 결혼도 할 수 없고 시민연합civil union도 할 수 없고 심지어 공개적으로 연애도 할 수 없는 사회에서 단 한 사람과의 성실한 사랑을 하지 않기 때문에 동성애자를 비난하겠다는 주장은 어불성설입니다. 그렇게 할 수 있는 사회를 먼저 만들어야 합니다.

왜 동성애자와 이성애자에게 다른 기준을 적용하는

지 고민해봐야 하는데, 이를 '이중잣대double standard'라고 합니다. 예를 들어 남성이 하는 행동을 여성이 똑같이 했을 때 남성에게는 흠이 되지 않지만 여성에게는 흠이 된다면, 그것은 이중잣대 때문입니다.

또 같은 행동을 해도 사회적 소수자는 집단으로 인식되고 비난의 화살이 집중되는 현상을 '꼬리표 붙이기labeling'이라고 합니다. 사회적 소수자가 아닌 특권 집단에 속한 사람은 개인으로 인식하는 반면 사회적 소수자인 억압 집단에 속한 사람은 집단으로 인식해 그 집단에 속한 모든 사람이 마치 동일한 사고와 행동을 하는 것처럼 여깁니다. 그리고 한 사람 한 사람이 마치 그 집단을 대표하는 것처럼 생각합니다. 이러한 꼬리표 붙이기를 통해 사회적 특권 그룹과 주류인 사람들의 잘못을 덮고 소수자들과 약자들을 비난하며 희생양으로 삼을 수 있습니다.

'사람'이 혼자 있는 것이 보시기에 좋지 않아 돕는 자를 만들어 주셨다고 했습니다. 서로 의지하고 신뢰하는,

사랑하는 사람이 있다는 것은 하나님의 축복입니다. 그런데 왜 동성애자들이 서로 도우며 의지하고 함께 살 사람을 찾는 것을 방해하고 비난할까요? 누구나 원한다면 (원하지 않는 사람에게 강요해서도 안 됩니다) 자신이 좋아하고 사랑하는 사람과 함께 살 수 있어야 합니다.

두 사람이 서로 아끼고 존중하며 사랑하기에 결혼을 약속하겠다고 하는데 젠더와 성적 지향이 무슨 상관이 있나요? 예수가 만약 지금 우리 앞에 있다면, 서로 아끼고 존중하며 사랑하겠다고 약속하는 커플을 축하하고 축복하지 않을까요? 서로 너무 아끼고 사랑해서 자발적으로 둘만의 구속적인 관계를 약속하며 법적으로 스스로를 억압하겠다는데, 이런 '미친' 결정을 응원하고 지지하지 않을 이유가 어디 있나요?

동성애 감정은 느낄 수 있지만 행동에 옮겨서는 안 된다고 주장하는 사람들도 있습니다. 그 행위자인 동성애자는 죄인이라며, 감정과 행위를 구분해야 한다고 주장하는 사람들도 있습니다. 동성애자는 키스나 성관계

동성애 비난에 이용되는 성경 구절

등 성적 행위를 해서는 안 되며 금욕하며 평생 독신으로 살아야 한다고 주장하기도 합니다. 성경에서 하나님이 '사람'이 혼자 있는 것이 보시기에 좋지 않다고 했는데, 왜 강제로 혼자 살라고 하는 걸까요? 물론 주체적인 비혼 결정은 당연히 존중받아야 하지만, 강제로 혼자 살 라고 요구하는 것은 다릅니다.

동성애가 싫으면 동성애를 안 하면 됩니다. 동성 결혼이 싫으면 동성 결혼을 안 하면 됩니다. 누구에게나 자신의 삶을 결정할 권리가 있을 뿐, 다른 사람의 삶을 대신 결정하거나 강요할 권리는 없습니다.

"이제 이성애자들도 결혼하지 않겠다고 하고 비혼주의자도 많고 동거만 하겠다는 사람도 많은데 왜 동성애자들은 군이 결혼하겠다고 하느냐"라고 묻는 이들도 있습니다. 그런데 할 수 있는데 하지 않는 것과 할 수 없어서 못 하는 것은 전혀 다릅니다. 이는 차별의 문제이고 권력의 문제입니다. 따라서 먼저 모든 사람이 법적 보호를 받는 관계로 들어올 수 있도록 제도를 마련하고,

그 이후에는 결혼이나 가족이라는 울타리에 속하지 않
더라도 모든 개인이 국가와 사회가 보장하는 권리를 모
두 누릴 수 있도록 제도를 확장해가야 합니다.

　동성 커플이 사는 모습을 본 적이 있나요? 이성 커플
과 똑같습니다. 뭐 해 먹을지 걱정하고, 같이 손잡고 장
도 보고, 영화도 보고 그럽니다. 다른 것이 하나도 없습
니다. 미국에서 제 지도 교수님은 게이였고 십수 년을
함께 산 파트너가 있었습니다. 그리고 입양한 자녀도
하나 있었습니다. 그분이 주로 하셨던 걱정은 두 가지
였는데, '오늘 저녁에 뭐 먹지'와 '아이가 프랑스어 과외
를 받고 있는데 공부를 너무 안 한다'는 것이었습니다.
다를 게 없습니다!

　교수님과 파트너는 힘든 일이나 화나는 일이 있을 때
서로 위로해주고 응원하며 사는 매우 보기 좋은 커플이
었습니다. 가톨릭 신자인 그분들은 "하느님이 우리 둘
을 만나게 하셨고 한 가정을 이루게 하셨다"고 믿습니
다. 누가 무슨 이유로 그게 잘못된 생각이라고 정죄할

　　　　　　　　동성애 비난에 이용되는 성경 구절

수 있을까요? 누구도 그렇게 할 수 없습니다.

3. 악명 높은 소돔과 고모라
─《창세기》19장 1~38절

그들이 눕기 전에 그 성 사람 곧 소돔 백성들이 노소를 막
론하고 원근에서 다 모여 그 집을 에워싸고 롯을 부르고
그에게 이르되 오늘 밤에 네게 온 사람들이 어디 있느냐
이끌어 내라 우리가 그들을 상관하리라.

《창세기》19장 4~5절

　　결론부터 이야기하자면 소돔과 고모라 사건은 동성
애와 아무 관계가 없습니다. 이 도시가 심판을 받아 파
괴된 이유는 나그네들에게 친절과 환대를 베풀지 않았
기 때문입니다. 《창세기》19장에서 벌어진 사건과 상관
없이 소돔과 고모라는 이미 멸망을 선고받은 상황이었

습니다.《창세기》18장을 보면 하나님께서 이 도시를 멸
망시키겠다고 아브라함에게 말씀하시고, 아브라함은
이 도시에 딱 열 명의 의인이라도 있다면 이 도시를 용
서해달라고 구하는 장면이 나옵니다. 성경은 소돔과 고
모라는 교만했고 욕심부렸으며 이웃을 돌보지 않았기
때문에 멸망했다고 확실하게 말하고 있습니다. 히브리
사람들에게 요구되던, 나그네를 존중하고 환대를 베푸
는 전통을 어기고 자신의 욕심대로 행동한 사람들이 심
판을 받는 내용입니다.《에스겔》은 소돔과 고모라가 심
판을 받게 된 이유를 명확히 말해주고 있습니다.

> 네 아우 소돔의 죄악은 이러하니 그와 그의 딸들에게 교
> 만함과 음식물의 풍족함과 태평함이 있음이며 또 그가
> 가난하고 궁핍한 자를 도와주지 아니하며 거만하여 가증
> 한 일을 내 앞에서 행하였음이라. 그러므로 내가 보고 곧
> 그들을 없이 하였느니라.   《에스겔》16장 49~50절

이런 점에서 보면 소돔과 고모라는 지금 이 시대와 많이 닮았습니다. 한국 사회를 비롯해 전 세계 많은 자본주의 사회가 소외된 이웃을 돌보지 않습니다. 돌보지 않을 뿐만 아니라 오히려 차별당하는 집단을 만들어 내고 유지하며 그 사회의 자본주의 질서를 공고히 합니다. 우리는《에스겔》의 경고의 말씀에 귀 기울여야 합니다. 사회적 소수자와 약자를 돕지 않는 현대 사회의 죄악을 돌아봐야 합니다.

이 마을에 일어난 일을 자세히 살펴봅시다. 어느 날 저녁 이 마을에 두 천사가 내려왔습니다. 그리고 마을 사람 중에서 이들을 환대하며 집으로 초청해줄 사람을 기다렸습니다. 이 천사들은 실제 천사일 수도 있지만 이웃 마을 사람이나 나그네라고 볼 수도 있습니다. 이 지역에는 마을을 찾아온 나그네를 천사라고 생각해 자신의 집에 머물게 하고 따뜻한 음식을 대접하는 전통이 있습니다. 이런 문화는 지금도 존재합니다. 그래서 이스라엘이나 아랍 지역으로 선교 여행을 가는 이들이 이러한 풍습을 이용해 그 지역 사람들 집에 머물며 이야기를 나누고 전도하려 하기도 합니다.

하지만 그날 천사들은 자신들을 맞이하는 사람을 찾지 못했습니다. 그러다 마침내 롯이 이들을 발견하고 집으로 초대했습니다. 그런데 그날 밤, 노소를 막론하고 모든 마을 사람이 롯의 집 앞으로 몰려왔습니다. '모든'이라고 했으므로 롯의 두 딸과 약혼한 두 남자도 무리 가운데 있었으리라 추정할 수 있습니다. 이들은 몰려와서 "그들을 내놓으라. 우리가 그들을 알아야겠다"라고 했습니다. 히브리어에서 '안다(야다)'라는 말은 성적인 관계를 뜻합니다. 여기서 등장한 천사들이 '남성'으로 보이는 존재였다고 하면 이 폭도들이 하고자 하는 게 '동성애'일까요? 아닙니다. 그것은 '강간'입니다. 이 장면은 나그네들에게 '남성성'을 해치는 방식으로 수치와 모욕감을 주기 위해 집단 강간을 하려는 상황입니다. 현대인의 성경은 "그들을 끌어내라. 우리가 강간하겠다"라고 번역했습니다.

동성애 비난에 이용되는 성경 구절

그런데 롯이 해결책으로 제안한 내용이 또 희한합니다. 자신의 집에 온 손님들을 가만히 놔두라며 처녀인 두 딸을 대신 내어주겠다고 합니다. 이것이 '동성애' 대신에 '이성애'를 권한 행동일까요?

이때 천사들은 폭도가 된 마을 사람들을 모두 눈멀게 합니다. 그리고 롯과 그 가족에게 뒤돌아보지 말고 마을을 떠나라고 합니다. 하지만 롯의 파트너는 그만 뒤를 돌아보고 돌이 되어버립니다. 롯과 두 딸은 옆 마을로 가려 했지만 자신들의 마을에서 나그네들이 어떤 취급을 받았는지 봤기에 옆 마을로 가지 않고 산속 어느 동굴에 자리를 잡습니다.

당시의 관습에서는 같은 부족끼리만 결혼하고 아이를 낳을 수 있었습니다. 그래서 두 딸은 아버지를 취하게 하고 성관계를 맺어 임신을 하기로 결심합니다. 그리고 둘은 그 계획을 실행에 옮겨 임신을 합니다. 맨몸으로 도망 와서 동굴에 자리를 잡았는데 술이 어디에서 난 건지 알 수 없지만, 참으로 이상한 이야기 아닌가요?

자신들의 마을에 온 나그네(손님)를 집단 강간을 하겠다고 떼로 달려드는 마을 사람들, 그런 강간범들에게 나그네 대신 딸을 내주겠다는 아버지, 그리고 마을의 모든 남자가 사라지자 후손을 만들어야 한다는 이유로 아버지를 취하게 하고 강간을 계획하고 실행한 딸들. 지금 우리 눈에는 굉장히 충격적인 사건이 뒤섞여 있습니다. 그런데 더 충격적인 사실은 어찌 된 영문인지 이 이야기가 동성애를 비난하는 근거로 둔갑했다는 점입니다. 이 이야기를 통해 생각해볼 문제는 매우 많습니다. 강간을 비롯한 모든 성폭력, 여성을 성적 대상화 하거나 남성의 소유물과 도구로 생각하는 문화, 남성이 대를 이어야 한다는 남성중심적이고 가부장적인 사고 등 많은 문제를 놓고 이야기할 수 있습니다. 그런데 여기서 동성애라니요? 정말 뜬금없는 해석입니다.

소돔과 고모라 이야기는 동성애자를 비난하기 위해 이용하는 성경 구절 중에서 가장 많이 오역되고 악용되는 구절입니다. 제대로 된 신학자라면 누구도 소돔과 고

동성애 비난에 이용되는 성경 구절

모라가 동성애 때문에 처벌받았다고 보지 않습니다. 나그네에 대한 환대가 없어진 데 대한 경고의 메시지인 소돔과 고모라 이야기는 우리에게 시사하는 바가 큽니다. 우리는 지금 소수자와 약자는 물론 가까운 주변 이웃에게도 무관심하고 서로를 향한 환대가 사라진 사회에서 살고 있습니다. 적자생존의 치열한 경쟁이 주위를 둘러보지 못하게 합니다. 이런 사회는 많은 사회 문제를 낳고 그 속에서 많은 사람이 고통 가운데 살고 있습니다. 전쟁, 살인, 폭력, 빈곤, 질병, 관계 단절로 인한 고독, 자살 등 모든 문제는 개인의 문제가 아닌 '사회적 문제'라는 점을 확실히 알고 구조적으로 접근해야 합니다.

교회가 지금 세상에서 어떤 일을 감당하고 있나요? 소외되고 고통받는 이들을 예수처럼 대하고 있나요? 교회에서 사람이 점점 빠져나가는 이유가 무엇일까요? 동성애가 공격해서 그럴까요? 공산주의가 공격해서 그럴까요? 교회가 개개인의 삶에 그리고 사회에 긍정적인 영향을 미치지 못하고 있기 때문입니다. 교회가 세상의

빛과 소금이 되지 못하고 있기 때문입니다. 목사들의 교회 사유화, 세습, 횡령, 성폭력, 논문 표절 등의 사기, 그리고 성소수자, 여성, 장애인, 이주민 등 사회적 소수자와 약자에 대한 차별과 혐오를 조장하는 문화를 만들어내며 대형 교회들은 스스로 썩어가고 있습니다. 외부의 공격 때문이 아닙니다.

4. 가증한 일
-《레위기》18장 22절, 20장 13절

너는 여자와 동침함같이 남자와 동침하지 말라. 이는 가증한 일이니라.　　　　　　　　　　　　《레위기》18장 22절

누구든지 여인과 동침하듯 남자와 동침하면 둘 다 가증한 일을 행함인즉 반드시 죽일지니 자기의 피가 자기에게로 돌아가리라.　　　　　　　　　《레위기》20장 13절

이 구절들은 정결법Holiness Code의 일부입니다. 정결법은 이스라엘 사람들을 다른 사람들과 구분하기 위해 만들어졌습니다. 유대인 포로들이 어쩔 수 없이 다른 민족들과 함께 살아야 하는 환경에서 그들이 차별성을 가질 수 있도록 하는 역할을 했습니다. 또한《레위기》20장 7절을 보면 "너희는 스스로 깨끗하고 거룩할지어다"라고 했는데, 이는 하나님의 율법의 형태를 띠고 있지만 당시 사람들의 건강, 보건, 위생, 안전을 위한 규범으로 보입니다.

'가증한 일abomination'이란 부도덕이나 죄라는 뜻이 아니라 전통(의식)에 반한다는 뜻입니다. 당시의 의식적 요구 사항ritual requirement에서 벗어났다는 뜻입니다. 정결법을 만들어 지키고자 한 데에는 여러 목적이 있을 수 있습니다. 예컨대 아이를 많이 낳아 인구를 늘리고 국가를 재건하려는 목적에서 위와 같은 강력한 규범을 만들었을 수 있습니다.

또한 이스라엘 민족이 다른 민족과 '뭔가 구별된 삶'

을 살고 있음을 느끼게 하려는 목적도 있었습니다. 이웃 나라였던 가나안의 종교의식에서는 풍요의 신들을 달래기 위한 목적으로 성전에서 남성 제사장들과 성관계를 했습니다. 정결법은 가나안을 비롯한 주변 나라의 문화와 종교로부터 이스라엘을 구별해 이스라엘 민족이라는 정체성을 지키기 위한 목적이 있었습니다. 할례를 유대인의 표징으로 삼아 종교 및 민족에 대한 정체성을 확고히 하도록 했고, 율법에 의해서 엄격하게 구별된 식단이 강요되면서 자연스럽게 공동체 밖에 나가서 식사하는 것이 어려워졌을 것입니다. 정결법은 시대를 초월하는 영원불변한 율법이 아니라 그 시대 그 상황 속에 살았던 이스라엘 민족에게만 적용되는 법입니다. 그런데 정결법 중 자기 마음에 드는 것만 취사선택해 남에게 강요하는 사람들이 있습니다.

정결법에 '가증한 일'이라고 되어 있는 것들을 조금 살펴볼까요? 육지에 사는 동물 중에는 "굽이 갈라져 쪽발이 되고 새김질하는 것만 먹어야 한다"고 되어 있는

동성애 비난에 이용되는 성경 구절

데, 이는 소, 양, 염소, 사슴, 노루 등입니다. 새김질은 하지만 굽이 갈라지지 않은 동물로는 낙타와 토끼 등이 있고, 굽은 갈라져 있지만 새김질하지 않는 동물로는 돼지가 있습니다. 그러므로 정결법에 따르면 삼겹살, 베이컨, 소시지 등을 먹는 것은 '가증한 일'입니다. 돼지의 피 역시 부정하고 가증하기 때문에 순대도 먹어선 안 됩니다. '떡튀순'에서 순대는 반드시 빼고 먹어야합니다. 또 수중 생물 중에서 "지느러미와 비늘 없는" 동물은 가증하므로 먹어선 안 됩니다. 새우, 게, 가재, 랍스터, 오징어, 문어, 낙지, 주꾸미, 뱀장어 등이 그러합니다. 따라서 새우튀김, 간장게장, 문어숙회, 낙지볶음, 장어구이 등을 좋아한다면 '가증한 일'을 하는 셈입니다.

여러 섬유를 섞어 만든 혼방 섬유 의류를 입는 것 또한 '가증한 일'입니다. 한 땅에서 여러 농작물을 경작하는 것도 '가증한 일'입니다. 구레나룻을 밀어서도 안 됩니다. 문신을 해서도 안 됩니다. 귀걸이는 노예의 증표입니다. 생리 중인 여성은 부정하며, 생리 중인 여성을 만지거나 잠자리를 함께하는 남자들 역시 부정하다 했습니다.

혹시 자신은 성경의 명령을 전부 잘 지키고 있다고 생각하시나요? 성경은 "겉옷을 달라고 하면 속옷까지 내어주라"고 했습니다. 제가 지금 겉옷을 달라고 요구한다면 정말로 속옷까지 다 내어주실 건가요? 또 "왼뺨을 때리면 오른뺨도 내어주라"고 했습니다. 제가 지금 뺨을 때리면 어떻게 하시겠습니까? 다른 뺨을 내어주시겠습니까? 다른 뺨을 내어줄 것이 아니라 신고를 해야 합니다. 성경에 있는 모든 명령을 '글자 그대로' 신실하게 지킨다는 말은 환상에 불과합니다. 자기 입맛에 맞는 일부 구절만 취사선택해서 열렬히 신봉하고 있지는 않은지 깊이 생각해봐야 합니다.

성경에서 사형을 시켜야 한다고 한 죄목에는 무엇이 있을까요? 안식일에 나무를 했다는 이유로 사형당한 사람의 이야기가 성경에 나옵니다(《민수기》 15장 32~36절,

동성애 비난에 이용되는 성경 구절

《출애굽기》 31장 14절). 그렇다면 일요일에 쉬지 않고 가게 문을 여는 사람들을 전부 사형시킬 건가요? 생리 중에는 성교를 엄격히 금지했고 이를 어길 시에는 사형에 처했습니다(《레위기》 18장 19절, 15장 19~24절). 이 구절들을 근거로 지금도 그렇게 해야 할까요?

첫날밤에 처녀의 증표가 없는 여성은 제 아비의 집으로 끌고 가서 돌로 쳐 죽이라고 했습니다. 그런데 여기서 말하는 '처녀의 증표'가 무엇일까요? 처녀막인가요? 사실 처녀막은 여성 억압적인 환상에 불과합니다. 처녀막이 아니라 '질주름'이라고 불러야 하는데, 질주름은 성관계 경험 여부를 나타내주지 않습니다. 첫날밤에 여성이 처녀가 아니면 죽이라고 했지만, 남성이 총각이 아니면 죽이라는 구절은 없습니다. 또한 '총각의 증표'라는 표현도 없습니다.

우상, 즉 다른 신을 섬기는 사람도 죽여야 합니다. 그러면 다른 종교를 믿는 사람들을 다 죽이시겠습니까? 부모님을 저주하는 사람도 죽여야 합니다. 요즘 '패드립'(패륜 드립)이라고 해서 '느금마' 같은 은어로 상대방 어머니를 욕하고 자기 어머니도 욕보이는 이들이 많은 데, 그럼 패드립 하는 사람들을 전부 죽이시겠습니까?

취사선택적 문자주의를 경계해야 합니다. 자신은 '해석을 덧붙이지 않고 성경을 그대로 믿는다'고 생각한다면, 정말 자신이 아무런 해석도 안 하고 있는지 심각하게 고민해볼 필요가 있습니다. 자신이 원하는 부분만 글자 그대로 발췌해서 믿는 태도도 위험한데, 자신이 취사선택한 내용이 마치 하나님의 뜻인 것처럼 다른 사람에게 강요하는 이들도 있습니다. 이는 매우 교만한 태도이며, 아주 폭력적이고 위험한 상황을 일으킬 수 있습니다. 역사적으로 돌아보면 교회는 자신의 입맛에 맞는 성경 구절을 취사선택해서 "하나님의 뜻"이라며 "하나님의 말씀"의 권위에 호소하여 자기 뜻을 관철하는 폭력을 수도 없이 저질렀습니다. 우리는 과거를 통해 배워야 합니다.

글자 그대로만 이야기한다면 '남자와 남자가 눕는 것,

동침하는 것, 남색 하는 것, 더불어 부끄러운 일을 하는 것'을 경고하는 구절들을 성경에서 찾을 수 있습니다. 이 표현들은 서로 존중·지지·의지하며 사랑하는 관계로서의 동성애와 매우 다릅니다. 성경에 동성애를 죄라고 말하고 있는 구절이 있는지는 중요하지 않습니다. 성경의 어떤 가치를 나의 가치 그리고 그리스도인의 가치로 삼을 것인지가 중요합니다. 이제는 성경 구절을 글자 그대로 받아들여 여성을 남성보다 열등한 존재로 인식한다거나 노예제도를 지지하는 것이 용납되지 않습니다. 마찬가지로 동성애자에 대한 정죄와 비난 역시 '성경에 어떻게 쓰여 있느냐'보다 '성경을 어떻게 받아들이느냐'에 달린 문제입니다.

또 간음하지 말라 하였다는 것을 너희가 들었으나 나는 너희에게 이르노니 음욕을 품고 여자를 보는 자마다 마음에 이미 간음하였느니라. 만일 네 오른 눈이 너로 실족하게 하거든 빼어 내버리라. 네 백체 중 하나가 없어지고 온몸이 지옥에 던져지지 않는 것이 유익하며 또한 만일 네 오른손이 너로 실족하게 하거든 찍어 내버리라. 네 백체 중 하나가 없어지고 온몸이 지옥에 던져지지 않는 것이 유익하니라. 《마태복음》 5장 27~30절

'음욕을 품고 여자를 보는 자마다 마음에 이미 간음을 했다'는 말씀인데, 간음의 대가는 사형입니다. 이 구절

동성애 비난에 이용되는 성경 구절

에 따르면 대부분의 이성애자 남성은 사형당해 마땅합니다. 성경을 볼 때는 비유와 과장으로 자신이 하고 싶은 말을 강조해 전달했던 당시의 문화와 문학을 이해해야 합니다. 해석 없이 글자 그대로 성경 구절을 믿고 적용한다면 수많은 사람의 눈을 빼고 손을 잘라야 할 것입니다.

자신이 성경에서 깨달은 점을 나누고 싶을 때 사용하는 언어도 조심해야 합니다. "성경이 이렇게 말하고 있다"고 이야기하지만, 사실은 이미 자신의 관점으로 해석을 덧붙인 이야기를 하는 것입니다. 엄밀히 말하자면 "나는 성경을 이렇게 읽는다" 또는 "나는 하나님의 뜻이 이러하다고 해석한다"와 같이 말해야 합니다. 설교자들도 자신의 경험, 지식, 관점을 토대로 해석한 성경을 청중에게 전하는 것입니다. 설교자의 해석 없는 '하나님의 말씀'이란 없습니다.

'하나님의 뜻'이라는 말도 함부로 해서는 안 됩니다.

그렇게 말하는 사람 본인의 생각과 해석이고 본인의 뜻입니다. 일본의 식민 지배와 한국 전쟁, 남북 분단을 하나님의 뜻이라고 발언해 논란을 일으킨 국무총리 후보자가 있었습니다. 이는 그 자신의 역사관과 세계관이 반영된 자의적 해석일 뿐입니다. 결과적으로 그렇게 된 일들을 모두 '하나님의 뜻'이라고 하거나 '하나님이 허락하셨다'고 하거나 '하나님이 원하시는 일이다'라고 해서는 안 됩니다. 그런 시각은 강자, 승자, 지배자의 역사를 그대로 받아들이는 관점일 뿐 하나님의 뜻과는 아무 관련이 없습니다.

성경을 읽는 것도 마찬가지입니다. 당시의 시대 상황, 배경, 문화, 의식, 어법, 속담, 저자의 가치관 등의 콘텍스트를 다양한 층위에서 읽어낼 수 있어야 합니다. 또한 성경은 읽는 사람에 따라서 매우 다르게 해석되고 받아들여질 수 있습니다. 흑인 동성애자 여성이 읽는 성경과 백인 이성애자 남성이 읽는 성경은 전혀 다를 수 있습니다. 그런데 단 하나의 해석만이 정답이라

동성애 비난에 이용되는 성경 구절

고 정해놓고 성경에 대한 자신의 단편적 관점으로 다른 모든 해석을 정죄하는 사람들이 있습니다. 해방신학, 여성신학, 퀴어신학 등을 인정하지 않으려 하고 심지어 '이단'으로 규정하기도 합니다. 자신의 해석만이 '정통'이고 그와 다른 해석은 모두 '이단' '자유주의 신학' '인본주의적 해석'이라며 비난합니다.

"남자가 여자와 눕듯이 다른 남자와 눕지 말라"는 《레위기》의 구절은 당시의 재산법으로 봐야 한다는 해석이 있습니다. 당시에는 여성을 가축과 마찬가지로 남성의 소유물로 여겼습니다. 그래서 저 구절은 '남자가 여자를 재산으로 삼듯이 다른 남자를 재산으로 삼아서는 안 된다'라는 의미로 봐야 한다는 해석입니다.

이 부분뿐만 아니라 성경(특히 구약)에서 강간, 간통, 근친상간, 성매매 등에 대한 사회적 규정을 다루고 있는 부분들을 보면, 여성을 인격체로 존중해서가 아니라 여성을 남성의 소유물로 생각하여 '남성의 재산권의 관점'에서 이러한 문제들을 다루고 있음을 알 수 있습니다.

지금까지 구약에서 동성애를 정죄하는 데 이용되는 구절들을 살펴봤습니다. 이제 신약을 살펴볼 텐데, 신약에 나오는 세 구절은 모두 바울의 기록입니다. 바울은 신약에 있는 27권의 책 중에서 13권을 쓴 저자입니다(일부는 바울의 제자들이 썼다는 주장도 있습니다). 그가 없었다면 초대 교회가 세워지기 어려웠을 수도 있고 지금과 같은 모습의 기독교가 존재하지 않았을지도 모른다고 할 만큼 바울은 기독교 역사에 큰 영향을 미친 인물입니다.

5. 자연스럽지 않다? 순리와 역리!
- 《로마서》 1장 21~28절

하나님을 알되 하나님을 영화롭게도 아니하며 감사하지도 아니하고 오히려 그 생각이 허망하여지며 미련한 마음이 어두워졌나니 스스로 지혜 있다 하나 어리석게 되어 썩어지지 아니하는 하나님의 영광을 썩어질 사람과 새와 짐승과 기어 다니는 동물 모양의 우상으로 바꾸었느니라.

그러므로 하나님께서 그들을 마음의 정욕대로 더러움에 내버려 두사 그들의 몸을 서로 욕되게 하게 하셨으니 이는 그들이 하나님의 진리를 거짓 것으로 바꾸어 피조물을 조물주보다 더 경배하고 섬김이라. 주는 곧 영원히 찬송할 이시로다 아멘.

이 때문에 하나님께서 그들을 부끄러운 욕심에 내버려 두셨으니 곧 그들의 여자들도 순리대로 쓸 것을 바꾸어 역리로 쓰며 그와 같이 남자들도 순리대로 여자 쓰기를 버리고 서로 향하여 음욕이 불 일듯 하매 남자가 남자와 더불어 부끄러운 일을 행하여 그들의 그릇됨에 상당한 보응을 그들 자신이 받았느니라. 또한 그들이 마음에 하나님 두기를 싫어하매 하나님께서 그들을 그 상실한 마음대로 내버려 두사 합당하지 못한 일을 하게 하셨으니.

《로마서》1장 21~28절

바울은 사람들의 마음이 강퍅하고 어리석어 하나님을 인정하지 않고 하나님의 형상을 버렸다고 했습니다. 우상을 섬기고 가짜 하나님을 따르면서 세속적 쾌락과 향락을 추구하고 하나님과 멀어지게 되었다고 합니다. 그들의 죄로 가득한 마음 때문에 하나님이 그들의 마음을 혼란하게 해서 수치스러운 욕망이 생기게 했다고 합니다. 즉, '동성애는 하나님이 준 형벌'이라는 게 바울의 주장입니다. 하나님을 제대로 섬기지 않으면 동성애자가 된다는 말입니다.

바울이 이런 생각을 하게 된 것은 모든 사람은 당연히 이성애자여야 하고 원래 이성애자였는데 어떤 이유에 의해서 '정상적인' 성적 지향을 버리고 동성애자로 바뀌게 되었다고 생각했기 때문입니다. 아무 이유 없이 원래부터 자연히 동성애자인 사람이 있다는 것을 전혀 알지 못했던 바울에게는 자신을 납득시킬 만한 어떤 이유가 필요했던 것입니다.

그런데 여기서 자연스럽지 않다는 말은 자연에서 볼

수 없다는 말이 아니라 전통이나 관습과 어긋난다는 말입니다. 바울은 유대인의 전통(관습)에는 동성애가 없는데(최소한 바울은 보지 못했는데) 그리스와 로마의 전통과 문화에는 동성애가 굉장히 자연스럽게 존재하는 것을 보고 동성애는 다른 신을 섬긴 결과라고 결론을 내렸다는 해석이 있습니다.

　이 구절을 이해하기 위해 당시 상황, 배경, 문화 등의 콘텍스트뿐 아니라 바울이라는 사람 자체에 대해 생각해보는 접근법도 있습니다. 여러 근거를 들어서 바울은 내적으로 심각하게 억압된 디나이얼 게이denial gay(자신이 게이임을 부정하는 혹은 인정하지 못하는 게이)였다고 보는 신학자들이 있습니다. 그 근거 중 하나가 동성애를 형벌로 보는 바울의 해석입니다. 바울은 《고린도후서》 12장 7절에서 "내 육체에 가시 곧 사탄의 사자"라고 표현하며 자신에게 어떤 병이 있는데 아무리 기도해도 고쳐지지 않는 병이라고 했습니다. 그 병이 무슨 병인지 명시하지 않아서 무슨 병인지는 정확히 알 수 없습니다. 눈병, 간 질환, 관절염 등등 갖가지 추측이 있습니다. 한 가지 추측은 바울이 동성애자였으며, 그는 자신이 동성에게 느끼는 감정이 자신이 예수를 만나기 전 예수를 믿는 이들을 박해했기 때문에 그 죄에 대한 결과로 하나님이 준 형벌이라고 믿었다는 것입니다.

또 다른 근거는 성욕과 결혼에 대한 바울의 생각입니다. 바울은 하나님의 일을 하기 위해서는 결혼하지 않는 편이 가장 좋으나 정욕에 불타올라 집중할 수 없는 사람은 결혼해도 좋다고 했습니다. 결혼을 고작 정욕 해소의 도구 정도로 생각하며 하나님의 일을 하는 데 방해가 된다고 여겼던 것입니다.

바울의 호모포비아적 발언들은 여러 가지로 해석됩니다. 첫째는 방금 이야기한 대로 바울이 디나이얼 게이었고 호모포비아였다는 해석입니다. 둘째, 바울은 호모포비아였지만 게이가 아니라 그저 성욕을 경계한 금욕주의자였다는 해석입니다. 바울뿐 아니라 당시 사람들은 서로 의지하고 사랑하는 동성애자들을 본 적이 없고 그런 관계를 알지 못했다는 것입니다. 그저 어린 소년들을 성노예로 삼는 로마 장교들이나 다른 종교의 신전에서 소년들과의 성관계를 통해 접신을 한다고 믿었던 행위들밖에 알지 못했기 때문에 그런 행동들에 대해 경고했다고 봅니다. 셋째, 바울은 호모포비아가 아니라 당시 로마 황제의 성적 타락에 경고의 메시지를 보낸 것이라는 해석입니다. 예컨대 로마 황제 칼리굴라는 상대방의 성별과 나이를 가리지 않고 심지어 자신의 가족과 친척까지도 강간했다고 합니다. 그런 모든 악행을 보고 자란 폭군 네로가 지배하던 로마 제국에 있는 공동체에 보낸 편지가《로마서》이며, 그러한 정욕과 타락을 '역리'라고 표현했다는 해석입니다. 넷째, 바울이 무성애자였다는 해석입니다. 바울은 무성애자였으므로 성적 끌림을 이해할 수 없었고 성행위나 성욕 자체를 죄악시했다는 것입니다. 다섯째, 바울은 일중독자였다는 해석입니다. 바울은 오로지 예수의 재림에만 집중했으므로 '성관계와 같은 쓸모없는 행위에 시간을 빼앗기지 말라'고 생각했다는 것입니다. 그런데 '전도하는 데 방해가 되니 결혼도 하지 말라'는 바울의 말이 동성애를 비난하는 데 이용되는 성경 구절 중 첫 번째로 살펴본 "생육하고 번성하라"(《창세기》 1장 28절)라는 명령과 상충된다는 점도 흥미롭습니다.

'순리대로' '역리로'라는 말은 전통이나 관습대로 행하는지 혹은 어긋나게 행하는지에 대한 말입니다. '바울이 '자연스럽다'라는 말을 썼을 때 그것이 실제로 '자연적인 것'인지에 대해 말한 것은 아닙니다. 위 구절이 쓰인 1세기에 '자연스럽다'는 기준을 누가 정했을까요? 상류층 사람들이 보기에 '적당한 행동'을 기준으로 '자연스럽다'라는 말을 한 것이지 과학 지식이나 인간 행동에 대한 통계적 연구에 기반해 말한 것이 아닙니다. 1세기에 살았던 상류층 출신인 바울은 노예제도를 자연스럽다고 생각했을 것입니다. 여성을 남성의 소유물로 보는 시선에서도 자유롭지 못했습니다. 이는 오늘날도 마찬가지입니다. 정상과 비정상, 자연스러움과 부자연

동성애 비난에 이용되는 성경 구절

스러움, '적당한 행동'을 정의하는 사람은 누구일까요? 한국 사회에서 자신을 '순수 한국인'이라고 여기는 선주민, 비장애인, 시스젠더, 이성애자, 남성, 중산층 이상의 사회계급 등 사회적 특권 그룹에 속하는 사람들이 무엇이 보편적이고 정상적인지에 대한 기준을 규정합니다.

사실 동성애는 매우 '자연스러운' 현상입니다. 동성애는 자연에서 쉽게 발견할 수 있습니다. 최근 연구를 보면 1500종이 넘는 동물에서 발견되며 조류와 포유류 내에서만도 450종 이상에서 발견됩니다. 특히 포유류 중에서도 보노보와 침팬지 같은 유인원들에서도 찾아볼 수 있습니다. 동성애자가 동성에게 끌리는 것은 '순리'입니다. 오히려 동성애자를 치유하겠다며 이성애를 느끼라고 강요하는 것이 순리에 어긋나는 역리입니다. 자신의 마음에서 느껴지는 자연스러운 끌림을 거스르라고 강요하는 것이니까요.

동성애자들에게 '건강하지 않다'고 할 만한 일들(우울증, 약물 중독, 자살, 성병 감염 등)이 일어나는 이유는 사회가 오랫동안 동성애자들을 비난하고 정죄하고 억압해 왔기 때문입니다. 그렇다면 동성애자들에게 우울증, 약물 중독, 자살, 성병 감염 등이 일어나지 않게 하려면 무슨 일을 해야 할까요? 동성애자들에게 병이 있는 것이 아니라 동성애자들을 대하는 사회의 태도가 병들어 있습니다. 동성애는 '치료'할 수 있는 성격이 아닙니다. 우리는 사회에 만연한 동성애혐오증을 치료해야 합니다. 이제 더는 동성애자를 이성애자로 바꾸려는 폭력을 그만두어야 합니다. 대신 있는 그대로의 모습을 인정하고, 동성애에 대한 편견과 혐오를 없애고, 동성애자가 차별과 억압을 받지 않도록 해야 합니다. 그러면 자연히 동성애자들도 건강히 살 수 있는 사회가 될 수 있습니다.

6. 천국에 가지 못하는 사람들의 목록
– 《고린도전서》 6장 9~10절,
《디모데전서》 1장 9~10절

불의한 자가 하나님의 나라를 유업으로 받지 못할 줄을 알지 못하느냐. 미혹을 받지 말라. 음행하는 자나 우상 숭배하는 자나 간음하는 자나 탐색하는 자나 남색 하는 자나 도적이나 탐욕을 부리는 자나 술 취하는 자나 모욕하는 자나 속여 빼앗는 자들은 하나님의 나라를 유업으로 받지 못하리라. 《고린도전서》 6장 9~10절

알 것은 이것이니 율법은 옳은 사람을 위하여 세운 것이 아니요 오직 불법한 자와 복종하지 아니하는 자와 경건하지 아니한 자와 죄인과 거룩하지 아니한 자와 망령된 자와 아버지를 죽이는 자와 어머니를 죽이는 자와 살인하는 자며 음행하는 자와 남색 하는 자와 인신매매를 하는 자와 거짓말하는 자와 거짓 맹세하는 자와 기타 바른

교훈을 거스르는 자를 위함이니. 《디모데전서》 1장 9~10절

이 두 구절은 하나님의 나라를 유업으로 받지 못하는 사람들의 목록입니다. 이 목록을 천국에 가지 못하는, 즉 지옥에 가는 사람의 목록이라고 해석하는 것입니다. 이 목록에 있는 사람들 중에서 왜 유독 '남색 하는 자'에만 집중하는 걸까요?

이 목록에 나오는 그리스어 '알소노코토이'는 이후 동성애자들homosexuals로 번역되었습니다. 그런데 이 단어는 성경에 딱 두 번 등장하기 때문에 그 정확한 의미를 파악하기 어렵습니다. 이 단어는 지금까지 여러 번역서에서 다양하게 번역되었는데, '변태' '소년들과 부도덕한 일을 하는 사람' '여성스러운 남자' '소도미'(소돔과 고모라가 동성애 때문에 멸망했다고 믿는 사람들이 만든 말) 등으로 번역되기도 했습니다.

바울이 신약성경을 쓴 시기는 기원후 70년경이고 동성애자라는 단어가 처음 생긴 게 1869년이므로 이 단어

동성애 비난에 이용되는 성경 구절

가 지금 우리가 사용하는 동성애자라는 말과 같은 의미라고 단정하기는 어렵습니다. '알손'은 남자를 뜻하고 '코토이'는 침대를 뜻합니다. '남자와 침대' '침대 위의 남자' 등 어떤 의미로 쓰였는지 정확히 알 수 없습니다.

이 구절들이 동성 간의 성관계를 하는 사람들을 가리킨다고 하더라도 이는 어디까지나 일방적이고 폭력적인 성관계(성노예 혹은 성매매)에 대한 이야기라고 봐야 합니다. 앞서 말했듯이 이 구절들이 쓰인 시대에는 서로 존중하고 지지하며 신실하게 교제하는 동성 커플을 보기 어려웠습니다. 바울 시대 사람들이 볼 수 있었던 동성 간 성관계라고는 나이 많은 로마 장교들이 전쟁 포로로 잡아 온 어린 소년들을 성노예로 삼던 모습과 가나안 등 인근의 다른 종교 신전에서 풍요의 신을 달래기 위해 예배 중에 회중과 제사장들이 성관계를 맺었던 성매매처럼 다른 사람을 착취하고 다른 사람에게 해를 끼치는 형태밖에 없었기 때문입니다.

이 구절은 신실한 사랑이나 진지한 관계 없이 오직

정욕에 사로잡혀 많은 여성을 성적으로 취하는 사람과 다른 남성을 '여성을 취하듯이' 취하는 사람을 이야기하며, 성적으로 타락한 자는 천국에 못 간다고 표현한 것으로 볼 수 있습니다. 결국 성경은 동성애뿐 아니라 정욕에 사로잡힌 마음과 행위를 모두 경계하고 있는 셈입니다. 물론 여기에는 바울의 세계관과 가치관이 반영되어 있습니다. 성경은, 아니 성경뿐 아니라 모든 글은 그 글이 쓰였을 당시의 시대 상황과 저자의 가치관을 함께 읽어야 합니다.

바울은 여성이 교회에서 가르치는 것을 허락하지 않았습니다. 바울은 모든 사람에게 독신으로 사는 것이 더 좋다고 했습니다. 결혼도 하지 말고 누구든 성관계도 하지 말라고 했습니다. 동성애만 안 된다고 한 것이 아니라 성욕 자체를 좋게 보지 않았습니다. 그는 결혼하지 않고 전도에만 집중하는 것이 가장 좋다고 했지만, 정욕에 사로잡혀 참을 수 없다면 결혼하는 편이 지옥 불에 떨어지는 것보다는 낫다고 했습니다. 바울은

　　　　　　　　동성애 비난에 이용되는 성경 구절

자신의 삶이 끝나기 전에(혹은 그 정도로 곧) 예수가 다시 온다고 믿었던 것 같습니다. 그래서 모든 사람이 자신처럼 모든 것을 멈추고 오직 전도에만 전념하기를 원했습니다. 바울은 성관계에 대해서는 이야기했지만, 상호 신뢰와 지지, 희생과 헌신을 기반으로 진실하고 성실하게 만들어가는 사랑의 관계에 대해서는 이야기한 적이 없습니다.

09

동성애에 대한
오해와 진실

1. 동성애는 선천적일까, 후천적일까?

사실 선천적이냐 후천적이냐는 질문 자체가 차별적인 질문입니다. 이성애가 선천적이냐 후천적이냐 묻지 않습니다. 하지만 동성애에는 다른 잣대를 들이댑니다.

동성애가 어떤 사건을 통해서 후천적으로 발생하는 '문제'라고 주장하는 사람들은 동성애자들에게는 아버지의 폭력·방임·부재나 어머니의 과잉보호, 또는 성폭력 피해 등의 폭력 사건과 같은 인간의 성장 과정에 부정적 영향을 미칠 수 있는 사건들이 동성애를 발생시킬 수 있다고 믿고 싶어 했습니다. 그러나 수십 년 동안 지속되어온 수많은 성소수자 관련 연구들은 이런 사건들은 성소수자가 되는 것과 아무런 상관이 없다고 말하고 있습니다. 그리고 우리는 아직 어떤 사람이 왜 성소수자가 되는지 전혀 알지 못합니다.

젠더와 섹슈얼리티가 고정되어 있다는 관점도 있지만, 오늘날에는 꼭 그렇지 않다고 보는 견해도 많습니다. 이분법적으로 나뉘어 있고 고정된 것이 아니라 다양한 스펙트럼으로 펼쳐져 있으며 살면서 정체화해 나갈 수 있는, 움직일 수 있는 여지가 항상 있다는 것입니다. 선천적 요인과 후천적 요인이 모두 있을 수 있고, 유전적 요인과 사회적 요인이 복합적으로 작용할 수도 있습니다.

과거에는 성소수자 인권 운동 내에서 동성애가 선천적이라는 것을 밝혀내려는 시도들이 있었으나 이제는 중요하게 생각하지 않습니다. 질문 자체가 차별적이기

동성애에 대한 오해와 진실

때문입니다. 또 만약 동성애가 유전적인 것이라고 밝혀진다면 임신 중에 미리 검사하여 임신 중절을 할 수 있다는 우려도 있습니다.

2. 동성애는 쾌락을 위한 선택이며 동성애자들은 섹스 중독이다?

이성애자 커플을 보면서 그 둘이 성관계하는 모습을 떠올리며 '저 커플은 무슨 체위를 할까?' 따위만 생각하는 사람은 분명 변태일 것입니다. 대개는 커플들을 보면서 '저 커플은 평소에 뭐하면서 시간을 보낼까?' 궁금해하고, 알콩달콩 귀엽게 연애하는 모습을 부러워하기도 합니다. 그런데 왜 유독 동성 커플만 보면 그들의 성관계와 체위를 궁금해할까요? '동성애'라는 단어에서 성관계(특히 항문 섹스)부터 떠올리는 사람은 깊이 반성하며 자기 자신을 되돌아봐야 합니다.

동성애자들이 더 큰 쾌락과 성적 만족을 위해서 스스로 동성애를 '선택'한다고 생각하는 분들을 위해서 한번 선택해보는 시간을 갖도록 하겠습니다. 지금 잠시 시간을 내어 동성애자가 되는 선택을 해보세요. 어때요? 가능한가요? 만약 선택이 가능하다면 왜 멸시와 천대, 차별과 폭력을 당하는 힘든 길을 선택하겠습니까? 또한 만일 당신이 이성애자라면 당신이 이성애자가 되기로 선택한 순간이 기억나나요? 이성애자가 되기로 선택한 것이 아니라 그저 누군가가 좋아진 순간이 있었던 것처럼 동성애자도 똑같습니다. 그저 누군가에게 끌리게 되고 그 사람이 좋아진 순간이 있었던 것뿐입니다.

3. 동성애는 정신병이다?

미국심리학회APA, American Psychological Association는 1973년 정신병 목록에서 동성애를 삭제했습니다[1987년 DSM(정

신질환 진단 및 통계 편람) 목록에서 완전히 제거]. 세계보건기구도 1992년 ICD(국제질병사인분류) 목록에서 동성애를 제거했습니다. 동성애는 정신병이 아닙니다. 그런데도 계속 정신병이라고 하니까 없던 정신 질환이 다 생길 지경입니다.

4. 동성애는 에이즈의 원인이다?

동성애가 에이즈의 원인이 아니라는 사실은 이미 많은 연구를 통해 밝혀졌습니다. 에이즈AIDS(후천성 면역 결핍증)는 체액(혈액, 정액, 질 분비물, 모유)으로 전염되는 감염성 질환으로 HIV(인간 면역 결핍 바이러스)가 원인 바이러스입니다.

낙타가 보유한 바이러스가 호흡기를 통해 감염된 것이 메르스인 것처럼 과학자들은 원숭이가 보유한 바이러스가 체액을 통해 감염된 것이 HIV라고 보고 있습니다. 서로 다른 두 가지 바이러스를 가진 붉은머리망가베이원숭이와 큰얼룩코원숭이를 잡아먹은 침팬지의 몸에서 유인원 면역 결핍 바이러스SIV가 형성되는데, SIV를 보유한 침팬지를 잡아먹거나 여러 의식을 위해서 침팬지의 피를 마시고 몸에 바르는 등의 행동을 하는 사이에 SIV가 인체에 침투해 HIV가 된 것이 HIV가 처음 발생한 경로입니다.

침, 땀, 눈물 등의 체액을 통해서는 HIV에 감염되지 않습니다. 따라서 감염인과 식사를 함께 하거나 악수를 하거나 수건을 함께 쓴다거나 하는 일상적 활동으로는 HIV에 감염되지 않습니다. 키스를 통해서도 감염되지 않습니다. 키스를 하는 두 사람 모두 입안에 상처가 있고 감염인의 혈액이 비감염인의 상처로 들어간다면 이론적으로는 감염될 수 있겠으나 두 사람 모두 입안에 상처가 있고 상처에서 피가 나고 있는데 키스를 하는 경우는 매우 극단적인 상황일 것입니다. 아직 키스를 통해 HIV에 감염되었다는 보고는 없습니다. 또한 곤충

매개 질환이 아니기 때문에 모기 등의 벌레를 통해 전염되지도 않습니다.

질병관리본부에 의하면 HIV는 아주 약한 바이러스로 인체를 벗어나면 바로 죽습니다. 공기 중에 나오면 사멸하는 시간이 넉넉하게 3초라고 하는데, 사실상 즉시 사멸한다고 할 수 있습니다. 약한 열(섭씨 71도)이나 수돗물 정도의 약한 염소 농도에서도 바로 비활성화됩니다. 또한 HIV가 들어 있는 체액이 건조되면 바로 사멸합니다. 이렇듯 인체 밖은 HIV가 살아남기 어려운 환경입니다.

한국에이즈퇴치연맹에 의하면 혈액이나 체액이 건조되지 않는 습한 경우(생리대 등)에서는 HIV가 상온에서 15일 정도까지 살아남을 수도 있습니다. 그러나 HIV가 생존해 있는 감염인의 혈액이나 체액을 만지게 되더라도 상처가 없는 피부에 닿았을 때는 감염 가능성이 전혀 없습니다. 만약 상처가 있는 피부에 닿았다면 희박하지만 감염 가능성이 있습니다. 이런 경우 HIV는 수

돗물에 들어 있는 염소 농도 정도로도 사멸하기 때문에 곧바로 흐르는 물로 씻어내는 것이 좋습니다. 비눗물이나 알코올 솜 등의 간단한 소독약을 사용하면 더욱 좋습니다.

한국 사회에서는 혈액(수혈 혹은 마약 주사기 공유)을 통한 감염이나 모유 수유에 의한 감염이 거의 없습니다. 체액 중에서도 HIV 중요 감염 경로는 정액과 질 분비물입니다. 이 둘과의 접촉을 가장 효과적으로 차단할 수 있는 방법은 콘돔을 사용하는 것입니다. 콘돔을 사용하지 않는 안전하지 않은 성관계는 원치 않는 임신뿐 아니라 성병에 노출될 위험을 크게 높입니다.

현재 한국 사회에서는 보건소나 병원 등의 전문기관에서도 혼용하여 쓸 때가 많지만 HIV와 에이즈는 같은 말이 아닙니다. 에이즈는 HIV에 감염된 후 바이러스에 의한 질병이 진행되어 나타나는 면역 결핍 증후군을 말합니다. 에이즈 환자란 면역 체계가 일정 수준 이하(면역세포 수가 200cell/mm^3 이하)로 손상된 사람과 그 결과

동성애에 대한 오해와 진실

나타나는 면역과 관련한 특정 질병이나 증상으로 인해 몸이 아프게 된 사람을 말합니다. 그래서 에이즈 '환자'라고 합니다. 바이러스에 의한 질병(예를 들어 뇌수막염, 대상포진, 수강염, 수족구 등)에 걸린 '환자'라고 해서 다 죽지 않고 잘 치료하면 건강한 사람이 되듯이 에이즈 환자 역시 치료를 받으면 바이러스는 여전히 몸에 있지만 비감염인과 다를 바 없이 건강하게 지낼 수 있습니다.

또 HIV 감염인이 되었다고 해도 반드시 에이즈 환자가 되는 것은 아닙니다. HIV는 인체의 면역력을 떨어뜨리는 바이러스인데 이미 HIV를 강력하게 억제하여 면역력을 떨어지지 않게 하는 치료제가 개발된 지 오래됐습니다. 과거에는 무서운 질병이었지만 지금은 고혈압이나 당뇨 환자처럼 매일 약을 먹는 수고를 해야 할 뿐입니다. 빼먹지 않고 약을 잘 복용하기만 하면 비감염인과 같은 수준으로 면역력을 유지할 수 있습니다. 이미 선진국에서는 에이즈를 죽을병이 아닌 만성 질환으로 여기고 관리하고 있습니다. 평균 수명도 비감염인과 거의 차이가 없습니다. HIV에 감염되었더라도 약만 잘 복용하면 에이즈 환자가 되지 않으며, 몸속에서 HIV가 검출되지 않을 정도로 바이러스 수치를 관리할 수 있습니다.

세금으로 HIV 감염인들에게 약을 지원하는 것은 혈세 낭비라고 주장하는 사람들이 있습니다. 이는 국가에게 국가의 역할을 하지 말라고 주장하는 무지한 행위입니다. 아픈 사람을 치료하고(의료) 나아가 애초에 아픈 사람이 없도록 하는 것(보건)이 국가의 역할입니다.

에이즈를 퇴치하는 가장 적극적인 방법은 HIV 감염인을 더 이상 만들지 않는 것입니다. 그러기 위해서는 첫째, 국가가 훨씬 더 적극적으로 콘돔 사용의 필요성을 알리는 데 힘써야 합니다. 둘째, 국가는 HIV와 에이즈에 대한 제대로 된 정보를 알려 그에 대한 무관심, 무지, 낙인, 차별, 공포, 두려움, 침묵의 사슬을 끊어야 합니다. 셋째, 국가는 전국 모든 보건소에서 익명으로 무료 HIV 신속 검사를 제공해야 합니다. 그래서 감염인

동성애에 대한 오해와 진실

이 최대한 빨리 감염 사실을 확인하고 관리할 수 있도록 도와야 합니다.

현재는 서울시에서만 약 20분 만에 결과를 알 수 있는 신속검사를 제공하고 있습니다. 전국의 보건소에서 제공하는 무료 익명 검사는 결과를 알기까지 일주일 정도의 시간이 필요합니다. 감염이 우려되는 일이 있었다고 할지라도 검사를 통해 감염 사실을 직면하는 일은 매우 두려운 일입니다. 그래서 검사를 받기 꺼리는 경우가 있습니다. 특히 HIV는 감염된 이후 어떠한 증상도 느끼지 못하는 잠복기가 8~10년쯤 되기 때문에 검사를 미루는 경향이 있습니다. 게다가 용기를 내어 검사를 받고자 해도 일주일이라는 대기 시간이 매우 큰 고통이 될 수 있기에 검사를 미루는 요인이 되기도 합니다. 피검사 없이 구강점막으로 스스로 20분 만에 검사 결과를 알 수 있는 '오라 퀵'이라는 제품이 있으나 4만 원이라는 가격 때문에 구매를 망설이게 되기도 합니다. 한국사회는 HIV와 에이즈에 대한 편견과 차별이 매우 심하기 때문에 이외에도 검사와 치료를 미루게 만드는 수많은 심리적·사회적 요인이 있습니다. 감염이 우려되는 일이 있었다면 12주가 지난 후에 검사를 최대한 신속하게 받을 수 있도록 하고 결과에 따라 적절한 치료를 제공해야 합니다.

아직까지 한국 사회에는 HIV와 에이즈에 대한 정확한 정보를 얻을 수 있는 경로가 많지 않습니다. 그래서인지 동성애를 하면 몸속에 HIV가 생긴다는 'HIV 자연발생설'을 믿는 이들도 있는데, 동성애자든 이성애자든 HIV 감염인이 아닌 사람은 어떠한 방법으로도 스스로 혹은 자연적으로 이 바이러스를 만들어낼 수 없으며 다른 사람을 감염시킬 수도 없습니다.

HIV 감염 역학은 국가와 지역에 따라 다르게 나타납니다. 처녀와 성관계를 하면 에이즈가 치료된다는 미신이 아직까지 남아 있는 지역에서는 감염인이 어린 여자아이를 강간하는 사례가 많아 여성 감염자 수가 많으며, 출산 시 직계 감염과 모유 수유를 통한 감염도 많습

동성애에 대한 오해와 진실

니다. 빈곤층의 마약 이용률이 높은 지역에서는 마약 주사기 공유를 통해 감염되는 사람이 많습니다. 또한 성매매를 통한 감염 빈도가 높은 지역도 있습니다.

한국은 여러 서구 국가들처럼 남성과 성관계를 하는 남성MSM, males who have sex with males의 감염 빈도가 상대적으로 높은 편입니다. 콘돔을 사용하지 않는 안전하지 않은 성관계를 하는 누구나 HIV에 감염될 수 있지만, 한국과 같은 감염 역학이 있는 사회에서 남성 동성애자를 비롯한 MSM은 HIV 감염에 보다 쉽게 노출될 수 있는 취약 집단입니다. 특정 바이러스나 질병에 취약한 집단이 있다면, 그 취약 집단을 없애버려야 한다고 폭력적으로 주장하거나 비난할 게 아니라 그 취약 집단에 속한 사람들을 더욱 특별히 신경 써서 질병을 예방할 수 있는 교육과 정책을 도입하는 것이 바람직합니다.

5. 동성애는 치료할 수 있다?

한때 동성애자였지만 지금은 '벗어났다'고 주장하는 사람들은 '탈동성애자'라는 용어를 사용합니다. 이들이 볼 때 동성애는 죄악이기 때문에 금욕 생활을 한다는 사람도 있고 기도로 이겨내고 있다는 사람도 있습니다. 탈동성애자라는 표현 자체가 '동성애는 벗어나야 하는 것'이라는 의미를 내포하고 있으므로 적절한 용어가 아니지만, 이 글에서는 혼란을 피하기 위해 이 표현을 그대로 사용하도록 하겠습니다.

애초에 '치료'를 해야 한다는 생각 자체가 차별적이고 폭력적입니다. 전환 치료를 통해 '탈동성애자'가 된 사람들이 있다고 주장하는데, 전환 치료는 개인의 의사에 반하는 강제력을 동반한 폭력입니다. 정신병원처럼 보이는 곳에서 이성애자의 사진이나 영상이 나올 때는 따뜻하고 포근한 느낌이 들게끔 해주다가 동성애자의 사진이나 영상을 보여주면서는 전기나 얼음물 등으로 고

동성애에 대한 오해와 진실

문한 사례가 있습니다. 또 기도원 같은 곳에서 구타하면서 기도하는 사례도 있습니다. 얼굴과 가슴, 심지어 성기를 때리고 꽉 잡으며 고문했습니다. 그곳에서 빠져나온 사람들에 따르면, 고문과 구타의 현장에서 벗어나려고 동성애가 치유된 척했다고 합니다. 귀신이 들었다고 때리며 기도한 교회에서는 피해자가 귀신 목소리를 내며 연기해 가까스로 탈출하기도 했습니다. 또한 레즈비언에게는 남자와의 성관계에서 진정한 즐거움을 느껴보지 못해 레즈비언이 된 것이라며 레즈비언을 강간하는 '교정 강간'이 자행되고 있습니다.

실제로 과거 해외에서 전환 치료의 성공 사례로 소개되던 사례의 주인공들이 추후 자신이 여전히 동성애자임을 시인한 경우가 많습니다. 엑스-게이ex-gay 운동으로 동성애 치유 단체 중 가장 유명했던 '엑소더스 인터내셔널'은 2013년 해산을 발표하며 "우리는 그동안 우리의 이웃인 사람과 성경 모두를 존중하지 않는 세계관에 갇혀 있었다"고 밝혔습니다. 또한 단체를 존속시켰던 것은 성소수자들에게 도움이 아닌 상처만을 안겨준 '무지의 체계'였다며 성소수자 커뮤니티에 사과했습니다. 또 다른 탈동성애 단체인 '러브 인 액션'의 대표 존 스미드는 2008년 단체를 떠나면서 자신의 모든 활동에 대해 사과하고 동성애자임을 커밍아웃했으며, 현재 동성 파트너와 혼인 신고를 하고 법적으로 보호받는 부부로 살아가고 있습니다.

한국의 탈동성애 단체들은 '전환 치료' 대신 '동성애성 중독 치유'라는 용어를 사용합니다. 이들은 그로써 동성애자의 인권을 보장할 수 있다고 주장합니다. 하지만 그들의 활동을 살펴보면 여전히 전환 치료 기법에서 사용하는 '권면적 상담'을 사용하는데, 이는 성적 충동과 동성애를 죄로 간주하고 동성애자들의 죄책감과 자기 혐오를 부추깁니다.

'탈출'이란 부정적인 것으로부터의 벗어남을 의미합니다. 그러나 동성애는 의학적으로도 과학적으로도 질병이 아닙니다. 이성애자가 치료를 통해 동성애자로 전

동성애에 대한 오해와 진실

환되는 것이 불가능하듯 동성애자도 마찬가지입니다. 성소수자에게 필요한 것은 탈출이 아니라 평등입니다. 성소수자의 인권은 성소수자가 스스로를 긍정하고 자부심을 가질 수 있는, 성소수자에 대한 편견과 차별이 없는 평등한 사회에서 보장됩니다.

6. 성소수자 인권 운동이 탈동성애자들의 인권을 침해한다?

'탈동성애'는 전환 치료나 기도 등을 통해 동성애에서 벗어났다고 하는 사람들이 사용하는 용어입니다. 탈동성애 운동을 하는 사람들은 성소수자 인권 운동을 하는 사람들에게 곧잘 이렇게 묻습니다. "동성애자로 살고 싶어 하지 않는 탈동성애자들의 인권은 어떻게 할 거냐? 성소수자 인권 운동은 탈동성애자들의 인권을 침해한다. 성소수자보다 더 소수자인 탈동성애자들의 인권은 왜 생각하지 않느냐?"

'성소수자보다 더 소수자'라는 말을 거리낌 없이 하는 이유는 '소수자'를 단순히 숫자가 적다는 의미로만 이해하기 때문입니다. '소수자'는 획일적 기준에 따라 이분법적으로 정상과 비정상을 나누는 사회 구조와 문화에서 비정상이라고 손가락질당하는 집단의 사람들을 말합니다.

탈동성애를 해서 이성애자가 됐다면 더 이상 소수자가 아닙니다. 그저 이성애자로 살아가면 됩니다. 그런데 탈동성애 인권 운동을 한다는 이들은 "탈동성애자들은 스스로를 이성애자로 생각하지 않는다. 동성애자도 이성애자도 아닌 애매한 위치에서 괴로워하고 있다"라고 이야기합니다.

성소수자 인권 운동은 동성애자도 이성애자도 아니라고 생각하는 탈동성애자의 인권을 전혀 침해하지 않습니다. 왜냐하면 성소수자 인권 운동은 동성애자든 이성애자든 양성애자든 젠더와 섹슈얼리티에 대한 고민

동성애에 대한 오해와 진실

을 모두 있는 그대로 인정하고 존중하기 때문입니다. 성소수자 인권 운동은 그들이 느끼는 죄책감까지 모두 이야기하고 스스로 가장 편한 자신의 모습과 삶의 방식을 찾아가며 정체화할 수 있게끔 돕습니다.

오히려 탈동성애자 인권 운동을 한다는 이들이 탈동성애자들의 인권을 심각하게 침해하고 있습니다. 그들은 탈동성애자들에게 계속 죄책감과 두려움을 불어넣고, 자신의 모습을 찾아갈 수 있도록 돕기보다는 특정한 모습을 강요하며 고통스럽게 하기 때문입니다.

7. 동성애자들은 소아성애자이므로 우리 아이들이 위험하다?

소아성애자의 90퍼센트는 남성이고 이 중 98퍼센트가 이성애자입니다. 앗! 이성애자들 때문에 우리 아이들이 위험하군요?

8. 동성애를 인정하면 소아성애, 동물성애, 시체성애, 사물성애도 받아들여야 한다?

이는 '동의'의 개념을 이해하지 못한 무지한 주장입니다. 소아성애자, 동물성애자, 시체성애자, 사물성애자 등은 지금도 성소수자에 포함되지 않으며 앞으로도 결코 포함되지 않을 것입니다. 성관계 전에 동의할 수 없는 대상들(동물, 시체, 사물) 또는 동의했다고 하더라도 완전한 동의가 아니라 착취의 가능성이 있는 사람들(영유아, 아동, 장애인 등)에 대한 성욕이나 강간이 지지받거나 인정되는 일은 절대 일어나지 않을 것입니다. 이런 주장에서는 동성애를 사랑으로 여기지 않고 단순히 성관계, 심지어는 강간과 같은 위협으로 보는 사고가 고스란히 드러납니다. 동성애는 이성애와 마찬가지로 상호 동의하에 이뤄지는 관계에서 성립합니다.

동성애에 대한 오해와 진실

9. 동성 결혼을 인정하면 아이를 입양하려 할 텐데 그러면 죄 없는 아이들도 동성애자가 된다?

미국에서는 이미 수많은 동성 커플이 아이를 입양하거나 인공수정을 통해 출산해 기르고 있습니다. 2000년 기준으로 레즈비언 커플의 33퍼센트, 게이 커플의 22퍼센트, 총 16만 3879가구가 18세 미만의 자녀를 기르는 것으로 조사되었습니다. 이런 많은 수의 가정을 대상으로 한 연구에서 동성 커플이 자녀를 기르는 데 문제가 있다는 증거는 나타나지 않았습니다.

미국심리학회에 따르면 대부분 동성애자는 이성애자 부모를 두고 있으며, 동성애자 부모가 키우는 아이들 대부분은 이성애자가 된 것으로 나타났습니다. 게이나 레즈비언 부모의 양육은 자녀의 성적 지향은 물론이고 자녀의 성장 과정에 거의 아무런 영향도 주지 않습니다. 부모가 이성애자이든 동성애자이든 통계적으로 유의미한 차이가 발생한 부분이 전혀 없었습니다.*

자녀가 부모의 성적 지향을 따라간다는 우려가 사실이라면, 동성애자들은 어디서 태어났을까요? 대부분 동성애자들은 이성애자 부모 사이에서 나서 자랐는데 부모의 성적 지향을 따라간다면 이들은 애초에 동성애자가 될 수 없지 않았을까요? 이러한 우려는 기우일 뿐 전혀 사실이 아닙니다.

10. 차별할 자유와 혐오할 권리를 억압하지 마라?

우리에게는 다른 사람의 인권을 침해할 권리가 없습니다. 다양성을 무시하고 획일적 기준에 따른 '정상성'을 강요할 권리도 없습니다. 다른 사람의 인권, 다양성,

• J. M. Bailey, D. Bobrow, M. Wolfe & S. Mikach, 'Sexual Orientation of Adult Sons of Gay Fathers', *Developmental Psychology* 31(1), 124-129, 1995 및 S. Golombok & F. Tasker, 'Do parents influence the sexual orientation of their children? Findings from a longitudinal study of lesbian families', *Developmental Psychology* 32(1), 3-11, 1996 참조.

표현의 자유를 침범하지 않는 범위 내에서 나의 인권, 다양성, 표현의 자유를 누려야 합니다. 다른 사람을 아프게 하고 피해를 줘도 되는 자유나 권리는 존재하지 않습니다.

인권을 이야기할 때 '권리'에만 초점을 맞추는 경향이 있는데, 사실 인권이란 나에게 있는 것만큼 다른 모든 사람에게도 똑같이 있는 것이기에 나 역시 다른 모든 사람의 인권을 보장해야 하는 '의무'가 있습니다. 세계인권선언문 29조에도 우리 모두는 인권이 지켜지는 세상을 만들어 나갈 의무가 있다고 나옵니다.

11. 차별금지법은 역차별법이다?

차별금지법이 생기면 표현의 자유가 억압되어 오히려 자신이 역차별당할 수도 있다고 걱정하는 사람들이 자주 하는 이야기 중에 빵집 이야기가 있습니다. 한 커플이 어느 빵집에 결혼식에 사용할 케이크를 사러 갔습니다. 그런데 빵집 주인은 자신의 종교적 신념을 이유로 그 커플에게 케이크를 팔지 않겠다고 했습니다. 그 빵집 주인은 기독교 신자였고 그 커플은 동성 커플이었습니다. 이 빵집은 영리 사업체였음에도 불구하고 특정한 사람들에게 자신의 종교의 자유를 근거로 제화 및 서비스 제공을 거부하는 차별을 했다는 이유로 벌금형을 받았습니다. 이를 차별이 아니라고 할 수 있을까요?

여러분이 북미나 유럽에 이주해서 살다가 그 나라의 백인과 결혼하게 됐다고 생각해보세요. 파트너와 함께 결혼 케이크를 주문하러 빵집에 갔는데 거기서 "나는 당신들을 차별하지 않지만, 내 종교적 신념 때문에 동양인과 백인의 결혼식에 쓸 케이크를 팔 수 없습니다. 다른 가게로 가주세요"라는 이야기를 들었다면 어떤 기분이 들까요? 아무리 정중하고 예의 바르게 표현했다고 하더라도 '차별'이라는 생각이 들 수밖에 없습니다. 이 사건은 차별 사례가 맞습니다.

동성애에 대한 오해와 진실

또 '한국은 원래 전통적으로 유교의 나라였다'며 '유교 이외의 종교는 모두 사이비고 이단이다'라고 믿는 사람이 많아졌다고 가정해봅시다. 기독교인 커플인 여러분이 결혼식에 쓸 케이크를 주문하러 갔는데 빵집 주인이 "종교적 신념 때문에 기독교인에게는 케이크를 팔지 않겠습니다"라고 한다면 기분이 어떨까요? 돈만 내면 모든 사람에게 상품과 서비스를 제공하는 영리 사업자가 내가 기독교인이라는 이유만으로 물건 팔기를 거부한다면 기분이 어떨까요? 결혼식장 예약도 연거푸 거부당하다가 겨우 잡은 결혼식장에서 결혼식을 하는 중에 누군가 나타나 똥물을 붓는다면 어떤 기분이 들까요?

'기독교인이 많아지면 타 종교나 사회적 소수자에 대한 혐오 범죄가 증가한다'며, 십자군 전쟁 등 기독교의 이름으로 자행된 수많은 전쟁과 폭력을 나열하고 타 종교 사원의 신상을 훼손했던 사례들을 '사실에 기반한 증거'로 제시한다면 어떨까요? '이렇게 타인에 대해 예의가 없고 폭력적인 기독교인들은 전부 사라져야 한다'

며 '죽여도 된다'고 말하는 사람들이 있다면 어떨까요?

성소수자라는 이유만으로 서비스 제공을 거부하는 것은 다른 모든 차별과 마찬가지로 차별 행위입니다. 차별금지법은 아무런 차별도 하지 않았는데 차별했다고 처벌받을 수도 있는 '역차별법'이 아닙니다.

차별금지법이 기독교를 탄압할 것이라고 주장하는 사람들이 내세우는 대표적 사례가 '동성애 반대 설교를 하다가 목회자가 체포되었다'는 것과 '동성애자 커플에게 결혼식장 대관을 거부했다가 처벌을 받았다'는 것입니다. 그런데 두 사례를 이야기하는 이들이 빼먹은 이야기가 있습니다. '동성애 반대 설교'를 했던 목회자는 자발적으로 교회에 찾아온 신자들에게 설교를 한 게 아니라 공공장소인 길거리에서 불특정 다수에게 특정 집단(성소수자)을 향한 혐오 발언을 해서 문제가 되었습니다. 그리고 동성애자 커플에게 결혼식장 대관을 거부했다가 처벌받은 사례도 교회 예배당 같은 특정 공동체의 사적 공간이 아니라 돈만 내면 누구나 예약하고 이용할

동성애에 대한 오해와 진실

수 있는 결혼식장이기 때문에 문제가 된 사건입니다.

차별금지법은 개인 간에 일어나는 차별적 언행을 일일이 처벌하기 위한 법이 아니며, 처벌 자체가 목적도 아닙니다. 차별이 일어나지 않도록 하는 것이 목적입니다. 물론 처벌받는 사례도 생길 수 있으나 처벌이 아닌 인권 교육으로 시민 의식을 향상하여 차별을 예방하는 방향으로 진행될 것입니다. 법은 만들어지는 것만으로도 굉장히 큰 교육 효과가 있습니다. 윤리와 인권을 이야기하며 차별하면 안 된다고 아무리 말해도 듣지 않던 사람들도 법적으로 안 된다고 하면 '차별은 좋지 않은 행동이구나' 하고 인식하게 됩니다.

차별금지법은 국가가 차별을 용인하지 않고 평등한 사회를 만들겠다는 의지를 표명하는 것으로, 사회 구성원 모두에게 혜택이 돌아가는 법입니다. 공공기관이나 기업 등이 사람을 인종, 민족, 성별, 성 정체성, 성적 지향, 장애, 나이, 외모, 지역, 종교, 학력, 학벌, 경제력, 가족 형태, 결혼 여부 등 그 어떤 이유로도 차별해서는 안 된다는 내용입니다. 물론 나 역시 다른 사람을 차별하지 않는 사람이 되어야 한다는 책임도 생깁니다.

12. 차별금지법이 생기면 비성소수자가 소수자가 된다?

성소수자가 차별당하지 않는 세상을 만들면 비성소수자가 소수자가 될 것이라고 하고, 미혼모가 차별당하지 않는 세상을 만들면 청소년들이 미혼모가 될 것이라고 하고, 사상과 종교의 자유를 보장하면 수많은 사람이 주체사상과 '이단' 종교에 빠지게 될 것이라고 주장하는 사람들은 항상 있어왔습니다. 21세기에도 이런 주장을 하는 사람이 여전히 존재한다는 사실이 믿기지 않을 만큼 전혀 합리적이지도 과학적이지도 않은 주장입니다.

자신의 기준과 규범으로 남을 정죄하고 비난하고, 오직 자기만 옳고 정상이며 다른 사람은 틀렸고 비정상적

동성애에 대한 오해와 진실

이라고 치부하며, 오직 자신만이 옳고 그름을 판단할 능력이 있고 다른 사람은 스스로 생각하고 결정할 능력이 없다고 단정하는 것은 굉장히 오만하고 폭력적인 태도입니다. 이런 주장을 하는 사람들이 아무리 많이 민원을 접수하고 반대 서명을 받아온다 해도 인권은 찬반의 문제가 아닙니다. 인권은 합의나 다수결의 문제도 아닙니다. 구성원 모두의 인권과 안전을 보장하고 행복한 삶을 돕기 위해 존재하는 국가는 단단히 중심을 잡아야 합니다. 단 한 사람도 소외되거나 차별당하지 않는 사회를 만들기 위해 인권을 보호하고 평등, 평화, 민주주의의 가치를 확산하는 책무를 잊어서는 안 됩니다.

이러한 주장이 여전히 한국 사회에 존재한다는 것 자체가 차별금지법이 필요하다는 방증이라 할 수 있습니다. 국가적 차원에서뿐 아니라 각 시도에서도 인권조례를 기반으로 인권 행정을 촘촘히 해 나가서 시민 의식을 향상할 필요가 있습니다.

13. 차별금지법은 기독교 탄압법이다?

'종교의 자유가 보장되어야 한다'는 말은 누구든 신앙, 사상, 가치를 이유로 차별받지 않아야 한다는 뜻입니다. 개인의 신앙과 종교활동이 다른 사람들에게 피해를 주더라도 마음껏 할 수 있어야 한다는 뜻이 아닙니다.

차별금지법은 오히려 기독교를 보호할 수도 있습니다. 기독교가 언제까지나 지금처럼 엄청난 신도 수를 바탕으로 한국 사회에서 그리고 전 세계에서 정치적 영향력이 있는 종교로 군림할 수 있을까요? 다시 초대 교회 시절처럼 박해받는 종교가 될 수도 있습니다. 기독교뿐 아니라 종교가 있는 모든 사람이 비과학적 미신에 빠진 자들이라고 손가락질받는 세상이 올지도 모릅니다. 그때 차별금지법은 기독교와 신앙인들을 보호할 수 있습니다.

14. 성소수자는 '죄의 결과'로 태어난 사람들이다?

'진정한 사랑은 남성과 여성 사이에서만 가능하고 그것만이 하나님이 허락한 사랑'이라고 주장하며 남성 파트너는 M, 여성 파트너는 W를 들고 '인증샷'을 올리는 기독교인 이성애자 커플들이 있었습니다. 그런 인증샷을 공유하며 자신도 동의한다는 게시물을 올린 목회자가 있었는데, 이후 그에게 이렇게 물었습니다. "만약 하나님이 이성애자 남성과 여성만을 창조했다면, 간성이나 트랜스젠더는 어떻게 설명해야 할까요?" 그랬더니 답변이 아닌 질문이 되돌아왔습니다. "그게 뭔데요?"

그래서 간성과 트랜스젠더에 대해 간단히 설명했습니다. 그랬더니 "만약 그런 사람들이 실제로 존재한다면 인간이 타락한 후에 죄의 결과로 태어난 것이라고 생각합니다"라고 답하더군요.

자신이 잘 모르는 사안에 대해 자신의 무지는 감추면서도 자신이 신앙인이라는 점을 밝히는 동시에 자기 뜻을 관철하고자 할 때 '하나님의 뜻'을 운운하는 이들이 있습니다. 자기 마음에는 들지 않고 기분은 나쁜데 정확한 이유는 알 수 없는 것들에 대해 '죄의 결과'일 것이라고 간편하게 대답하는 이들도 마찬가지입니다.

중등부 시절 저는 '바퀴벌레, 모기, 파리처럼 인간에게 전혀 도움이 안 되는 해충이 존재하는 이유가 뭘까? 사람에게 질병을 옮기기나 할 뿐 이로운 점이 없는 해충을 하나님이 왜 만드셨을까?' 하는 궁금증이 생겼습니다. 그래서 다니던 교회의 목회자에게 물어봤습니다. 그랬더니 하나님은 오직 좋은 것만 만드셨는데 '죄의 결과'로 그런 생물들이 생겼다고 하더군요. 당시에는 그런가 보다 했지만, 지금 생각해보면 제 질문이나 목회자의 답변 모두 심각하게 인간중심적이고 오만한 것이었습니다.

모르는 것에 대해서는 모른다고 말할 수 있는 자세가 필요합니다. 만약 그렇게 해본 적이 없어서 자신의 무지를 인정하는 데 용기가 필요하다면, 새로운 용기를

동성애에 대한 오해와 진실

내야 합니다. 모르는 것을 모른다고 해서 권위가 떨어지지 않습니다. 그저 "나도 모른다. 같이 고민해보자"라고 하면 됩니다. 자신의 무지를 인정해야만 제대로 된 지식을 얻을 수 있습니다. 모르는 부분이 있다는 사실을 인정하는 것은 부끄러운 일이 아닙니다. 자신의 무지를 인정하지 않는 것이야말로 부끄러운 일입니다.

시스젠더, 이성애 이외의 모든 성 정체성과 성적 지향은 죄(혹은 죄의 결과)라고 인식하는 기독교인들을 쉽게 만날 수 있습니다. 장애인이 장애를 가지고 사는 이유가 그 장애인이 지은 죄 혹은 그 장애인의 부모가 지은 죄 때문이라고 믿는 사람들도 있습니다. 성소수자나 장애인 당사자의 경험 그리고 과학적 연구 결과에는 귀 기울이지 않으면서 자신의 고정관념과 편견을 '신앙'이라는 이름으로 포장해서는 안 됩니다.

"하나님은 전지전능하시다" "하나님이 세상 모든 만물을 창조하셨다"라고 말하는 사람들이 하나님의 창조물에 대해 저렇게 생각하고 말하는 것은 하나님의 형상으로 만든 존재들에 대한 모욕이자 하나님의 창조에 대한 모독입니다. 자신이 생각하는 '정상'의 기준과 다르다고 다른 사람의 존재 자체를 죄 또는 죄의 결과라고 단정하고 비난한 적이 있다면 자신의 오만함을 뉘우치고 다시는 그런 사고방식이나 행동을 반복해서는 안 됩니다.

더 읽기

감기에 걸리거나 배탈이 났을 때도 '내가 뭘 잘못해서 벌을 받나 보다' 하는 사람들이 있습니다. 아닙니다. 감기는 감기 바이러스에 감염되어서 걸린 것이고 배탈은 과식했거나 체했거나 상한 음식을 먹어서 혹은 과로나 스트레스 때문에 생길 수 있습니다. 자신이 생각하기에 '좋지 않은 것'을 모두 '죄의 결과로 받는 벌'이라고 단정하는 태도는 전혀 과학적이지도 않을뿐더러 매우 위험한 사고방식입니다.

동성애에 대한 오해와 진실

15. 예수는 동성애가 잘못된 행동이라고 말했다?

예수는 동성애에 대해 이야기한 적이 없습니다. 양성애, 범성애, 무성애와 같은 성적 지향에 대한 언급도 일체 없으며 트랜스젠더나 젠더퀴어와 같은 성 정체성에 대한 언급도 없습니다. 여성과 남성 이외에 간성에 대한 이야기를 한 적도 없습니다. 핵무기나 핵발전소에 대해서도 이야기하지 않았습니다. 전기, 비행기, 컴퓨터, 인터넷 등에 대해서도 아무 이야기 하지 않았습니다.

예수가 말하지 않은 주제들에 대해서 예수의 뜻을 유추하는 방법은 예수의 언행과 삶을 관찰하는 것입니다. 예수의 사역은 사회적 소수자와 약자를 향해 있었습니다. 예수는 여성, 고아, 과부, 병든 자, 가난한 자, 죄인이라고 손가락질당하는 이들과 함께 먹고 마시고 이야기를 나누었습니다.

예수에게 동성애를 어떻게 생각하냐고 물어보면 뭐라고 답할까요? 아마도 예수는 "내가 가장 중요하다고 한 계명이 뭐지?"라고 되물으며 "하나님을 사랑하고 네 이웃을 네 몸과 같이 사랑하라" 그리고 "너희 중에 가장 낮은 자에게 한 행동이 나에게 한 행동이다"라고 했던 말을 상기해줄 것입니다. 잘못된 이슈에 매몰되어 잘못된 질문을 하고 있다며 혼이 날 수도 있습니다. "모든 사람을 아우르는 사랑의 공동체를 만들라고 했더니 성경을 왜곡하고 폭력적으로 휘둘러 내가 사랑하는 이들에게 상처를 주고 나의 공동체에서 내쫓았구나!" 성경을 사랑을 전파하는 데 사용해야지 혐오와 공포를 조장하는 데 사용했다며 꾸지람을 들을 것입니다. 저는 예수가 만약 지금 다시 이 세상에 온다면 누구보다도 더 강력한 성소수자 지지자, 인권옹호자일 것이라고 확신합니다.

예수는 동성애에 대해 한마디도 하지 않았지만《마태복음》19장 12절 말씀으로 예수의 뜻을 유추해볼 수 있습니다. 예수는 아이를 낳을 수 없다거나 하는 신체의 특징 그리고 피부색, 가문, 젠더, 섹슈얼리티 등의 사회

　　　　　　　　동성애에 대한 오해와 진실

적 정체성이 죄 때문이 아니라고 명백히 말했습니다.

어머니의 태로부터 된 고자도 있고 사람이 만든 고자도
있고 천국을 위하여 스스로 된 고자도 있도다. 이 말을 받
을 만한 자는 받을지어다. 《마태복음》 19장 12절

바리새인들이 예수를 시험하려고 이혼에 대해 물었
을 때 대답한 이 말씀을 보면, 예수가 사람을 볼 때 생식
능력이나 혼인 상태 혹은 성적 지향이나 성 정체성은
별 관심사가 아니라고 해석할 수 있습니다. 저는 이 구
절을 '하나님을 사랑하는 데는 성기 모양이나 생식 능
력, 장애, 가족 형태, 혼인 여부 등 그 어떤 것도 상관이
없다'라는 의미로 봅니다.

또 다른 말씀은 《마태복음》 8장에 나오는 가버나움
에서 만난 로마 백부장 이야기입니다. 백부장은 자신의
종이 죽게 되었다며 예수를 찾아와 고쳐달라고 간청합
니다. 팔레스타인 지역의 군 통수권을 쥔 로마의 고위

관료인 백부장이 당시 로마의 식민지였던 이스라엘의 이름 없는 예수를 찾아와 "주여"라고 부르며 자신의 종을 치료해달라고 간청한 것입니다(아마도 백부장은 예수를 신령한 힘이 있는 유대인 마술사 정도로 여겼을 것입니다). 그래서 보통 백부장의 믿음이 그의 종을 살렸다는 내용으로 설교하곤 합니다.

그런데 여기서 백부장과 그의 종의 관계를 눈여겨볼 필요가 있습니다. 로마의 고위 장교들은 전쟁 포로를 성노예로 삼곤 했는데, 어린 남자아이를 성노예로 데리고 있는 경우도 아주 많았습니다. 당시 그리스와 로마에서는 동성애가 매우 성행했으며 아무런 문제가 되지 않았습니다. 심지어 가장 권장되는 사랑이었습니다. 남자만 사람이기에 평등한 사람끼리의 관계라고 여겼기 때문입니다. 당시 여자는 단지 남자의 씨를 받아 배양하는 존재로 취급했다는 이야기가 여러 문헌에 남아 있습니다. 물론 평등한 관계에서 동성애를 즐기는 사람도 있었지만, 종이나 노예를 상대로 동성과의 성관계를 갖

동성애에 대한 오해와 진실

는 사람도 많았습니다.

백부장이 자신의 종을 지칭할 때 쓴 그리스어 '파이스'(소년)는 단순히 종이라는 뜻을 넘어서 미동, 즉 첩과 같은 '남자친구'를 부를 때 쓰던 단어입니다. 물론 당시 그 단어의 용법이 그렇다고 해서 성경에 나오는 백부장이 그의 종과 동성애 관계였다고 단정할 수는 없습니다. 하지만 수많은 종을 데리고 있는 로마의 고위 관료가 그 종들 중 하나가 아프다고 해서 속국의 무명인을 찾아와 "주여"라고 부르며 살려달라고 애원하는 광경이 흔한 일은 아닐 것입니다. 그런데 그 상대가 그저 여러 종 중 한 명이 아니라 백부장이 진정으로 사랑하는 사람이었다고 가정한다면 훨씬 더 신뢰할 수 있는 이야기가 됩니다.

예수는 백부장에게 종과의 관계를 묻지도 따지지도 않으셨습니다. 그저 그의 믿음을 칭찬하시며 그의 종을 치료해주셨습니다. 백부장이 자신의 종을 사랑하는 마음이 부모와 같은 마음인지, 우정인지, 동성애인지는 전혀 중요하지 않다는 말입니다. 다른 사람을 사랑하게 되면 그 사람을 아끼게 되고, 자신이 희생하고 양보하더라도 그 사람을 위해 헌신하는 따뜻한 마음이 생긴다

더 읽기

예수는 동성애에 대해 이야기한 적은 없지만, 이혼과 재혼에 대해 이야기한 적 있습니다. 《마가복음》 10장 11∼12절을 비롯한 여러 곳에서 이혼과 재혼에 대해 말했습니다. 예수는 이혼과 재혼에 대해 '간음'이라고까지 하며 경고했습니다. 이를 근거로 기독교는 오랫동안 이혼을 금지했습니다(정죄하고 반대했으며 이혼한 신자들을 교회에서 내쫓기도 했습니다). 그러나 이는 당시 이혼할 수 있는 권리가 남성에게밖에 없었던 점을 이용해서 사소한 이유로도 아내를 내쫓는 등 일방적이고 폭력적으로 결혼, 이혼, 재혼 제도를 악용해 자신의 이기적 욕망을 채우기 위해 여성을 언제나 버릴 수 있는 소유물 정도로 취급했던 남성중심주의에 대한 경고였습니다. 당시의 시대적 상황과 문화 그리고 예수의 의도를 파악해서 본래의 의미를 알고 자신의 삶과 현재의 사회에 적용하고자 노력하는 것이 아니라 그저 글자 그대로를 율법으로 삼았던 것입니다.

동성애에 대한 오해와 진실

는 점이 중요하고 소중하지, 사랑을 나누고 있는 사람들의 성별이나 성행위 여부 혹은 체위에 집중하는 태도로는 사랑이라는 신비의 본질에 다가가기 어렵습니다.

16. 퀴어 축제는 노출이 심하고 문란하다?

퀴어 퍼레이드는 1년에 단 하루 성소수자들이 스스로의 존재를 드러내며 자신을 긍정하는 축제이자 획일적인 사회 규범에 저항하는 날입니다. 그날의 퍼레이드와 퍼포먼스에는 다양한 사회·문화적 의미가 있습니다.

동물권 운동가들이 동물의 털이나 가죽으로 만든 옷을 입지 말자는 의미에서 나체 시위를 벌일 때 노출에만 집중하면 어떻게 될까요? 공장식 도축산과 육식에 반대하는 의미로 시민들이 알몸으로 비닐 팩에 들어가 있는 퍼포먼스를 하는데, 너무 노출이 심해서 선정적이고 과격한 시위라고만 평가한다면 그저 그 의미를 파악하지 못한 사람이 될 뿐입니다.

그리고 퀴어 퍼레이드에 직접 와봤다면 아시겠지만 노출이 심한 옷을 입고 오는 사람은 많지 않습니다. 15만 명의 참가자 중에서 일상생활에서 입는 옷보다 노출이 과감한 옷을 입은 사람은 15명 정도입니다. 그런데 딱 그 15명만 사진 찍어서 악의적으로 편집해 올리는 사람들이 여론을 형성하는 것입니다. 반면 핼러윈이나 물총 축제, 토마토 축제, 머드 축제 등 다양한 축제에서 많은 사람이 비키니처럼 노출이 심한 옷을 입고 즐기는 것에 대해서는 아무 말이 없습니다. 노출이 싫은 것인지 퀴어가 싫은 것인지 분명히 할 필요가 있습니다.

17. 군대 내 동성애는 처벌해야 한다?

1993년 미국 군형법에 DADT Don't Ask, Don't Tell(묻지도 말하지도 말라)라는 정책이 생겼습니다. 이는 게이, 레즈

　　　　　　　　동성애에 대한 오해와 진실

비언, 양성애자가 자신의 성적 지향을 비밀로 해야만 군에서 일할 수 있다는 내용이었습니다. 클린턴 정부가 만든 이 정책은 '동성애자 군복무 금지법'으로 불렸고, 17년 동안 1만 3500명의 동성애자를 강제 전역시켰습니다. 2010년 미 연방법원은 이 정책을 위헌이라고 판결했고 이후 미 의회는 DADT 정책 폐지 법안을 통과시켰습니다. 그리고 2011년 7월 22일 오바마 대통령이 폐지 법안에 서명함으로써 DADT 정책은 폐지되었습니다.

2009년 전역 장성 1000여 명이 DADT 정책을 폐지하면 모병과 병력 유지가 어렵고 지휘 체계에 부정적 영향을 줄 것이라며 반대하는 등 DADT 정책을 폐지하기까지의 과정이 순탄치만은 않았습니다. 그러나 우려와 달리 법안 폐지 1년 뒤 작성된 보고서에 따르면, 전투 준비의 신속성, 결속력, 모병 및 병력 유지 등에 부정적 영향은 없었습니다. 2016년 미 국방성은 DADT 정책 폐지 5주년을 맞이해 연구 결과를 발표하며 "DADT

정책 폐지로 인한 성소수자들의 군 복무 허용으로 군인들의 자긍심이 높아지고 사기가 진작됐다"라고 밝혔습니다. 또한 "DADT 정책 폐지 이후 우리 군은 그 어느 때보다 강력해졌다"며 "이를 매우 자랑스럽게 여긴다"고 했습니다.

한국군의 군형법에는 동성 간 성관계를 처벌하는 법이 있습니다. 군형법 92조 6항은 "항문 성교나 그 밖의 추행을 한 사람은 2년 이하의 징역에 처한다"고 밝히고 있습니다. 1962년 제정된 군형법 92조에는 '계간과 기타 추행'이라고 되어 있었습니다. 계간이라는 용어는 미국에서 1920년에 만든 전시법 50조를 바탕으로 미군 정기였던 1948년에 만든 '국방경비법'에서 번역·사용되었습니다. 이제 계간이라는, 남성 간 성행위를 닭들의 성관계로 비하한 모욕적 표현은 없어졌지만, '항문 성교나 그 밖의 추행'이라는 모호한 표현(남성 동성애자들도 항문 성교만 하지 않으면 된다는 것인지, 이성애자 군인들도 항문 성교를 하면 처벌한다는 것인지, 군인들이 어떤 체위를

동성애에 대한 오해와 진실

하는지 어떻게 확인해서 처벌하겠다는 것인지 알 수 없습니다)으로 남성 동성애자를 처벌하는 조항은 남아 있습니다.

이 조항이 군대 내 성폭력을 막기 위해 필요하다고 생각하는 사람이 많은데, 성폭력을 처벌하는 조항은 따로 있습니다. 군형법 15장 '강간과 추행의 죄'입니다. 성폭력은 군형법뿐 아니라 형법과 성폭력특별법에 의해서도 처벌 가능합니다. 2017년 5월 24일, 근무 시간이 끝난 뒤 영외에서 자신의 애인과 상호 합의하에 성관계를 한 A 대위에게 군형법 92조 6항에 근거해 추행죄(상호 추행으로 명명)로 유죄를 선고한 사건만 보더라도 군형법 92조 6항은 성폭력과 상관없이 동성애자를 처벌하기 위한 조항에 불과합니다.

군대 내에서 계급과 권력 차이를 이용한 이성 간 성폭력 문제는 매우 심각한데, 가해자 처벌은커녕 기소나 수사도 잘 이뤄지지 않아 문제가 되고 있습니다. 군대 내 성폭력 문제는 처벌할 법적 근거가 없어서 근절되지 못하는 게 아닙니다. 성폭력은 '권력'의 문제입니다.

성폭력은 성을 매개로 하는 권력 차이에 의한 범죄입니다.

동성애자를 처벌하는 법이 없으면 동성애자들이 계급을 이용해 하급자를 쉽게 강간하게 될 거라는 우려는 동성애자들의 현실을 전혀 알지 못해서 생긴 편견일 따름입니다. 동성애자들은 자신이 동성애자라는 사실이 알려지면 당하게 될 성적·신체적·언어적 폭력을 우려해 매우 조심하며 지냅니다. 저 자신의 경험만 봐도 후임병의 성기를 만지는 등 성추행을 하는 선임병은 모두 이성애자들이었습니다. 군대 내에서 계급으로 발생하는 권력도 있지만 '동성애자'라는 사회적 소수자성으로 인한 위치 때문에 자신의 계급을 이용해 욕망을 채우려고 시도하기가 결코 쉽진 않을 것입니다.

동성애자들은 군대 내에서(사실 군대뿐 아니라 사회 모든 영역에서) 성폭력의 가해자가 되기보다는 피해자가 될 확률이 훨씬 높은 위험한 상황에 놓여 있습니다. 동성애자들은 이성애자들에게 위험한 존재이며 군대 같은

동성애에 대한 오해와 진실

특수한 상황에서는 강간범이 될 가능성이 더 크다는 주장은 전혀 사실과 다릅니다.

성소수자 인권 문제는 성소수자만의 문제가 아닙니다. 국가와 교회가 '당신은 당신이 끌리는 사람, 당신이 원하는 사람, 당신이 사랑하는 사람과 함께 지낼 수 없다'라고 결정할 권한이 있나요? 국가와 교회가 우리가 침실에서 어떤 상대와 어떤 체위를 할 수 있다고 정할 권한이 있나요? 그들이 왜 그런 권한과 권력을 가지고 있나요? 누가 그런 권한을 그들에게 주었나요?

국가와 교회가 개인의 가장 사적인 부분까지 침범하고 있다면, 내가 그 대상이 아니라고 해서 가만히 방관하고 있어서는 안 됩니다. 성소수자뿐 아니라 아동, 청소년, 노인, 이주민, 여성, 장애인, 빈민 등 모든 사회적 소수자와 약자에게 일어나는 폭력을 방관하면 그 일은 자신에게도 일어날 수 있습니다. 아니, 결국 자신에게도 일어나게 됩니다.

18. 예수는 영화처럼 잘생긴 비장애인 비성소수자 백인 남성이었나?

　당시 예루살렘 지역에서 가장 평범했던 외모로 추정해본 예수의 얼굴은 아래 사진과 같습니다. 역사적 예수는 금발의 장발에 뛰어난 외모를 가진 백인이 아니었습니다. 또한 예수가 어떤 장애가 있었는지, 성적 지향이나 성 정체성이 어땠는지 등에 대해서는 전혀 알 수

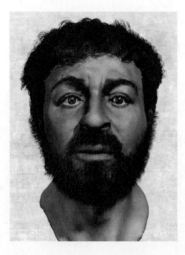

역사적으로 추정한 예수의 얼굴

없습니다. 예수를 뛰어난 외모의 비장애인 비성소수자 백인 남성으로 상정하고 당연히 그럴 거라고 믿는 현상은 그 모습이 현대인이 생각하는 가장 좋은, '정상적인' 모습이기 때문입니다.

19. 예수에게도 성염색체가 있었나?

예수는 어머니 마리아가 아버지 요셉을 알기 전(잠자리를 함께하기 전) 성령으로 잉태되었다고 했습니다. 성경의 이 이야기를 생물학적으로 본다면 예수는 남성으로부터 남성 성염색체인 XY를 받지 않은 것입니다. 즉, 예수는 어머니 마리아에게서만 성염색체를 받았기 때문에 성염색체는 XX만 가지고 있었을 것입니다. 그렇다면 겉보기로는 '남성'으로 인지되는 예수는 트랜스젠더이거나 간성이라고 추론해볼 수도 있습니다.

아니면 생물학과 상관없이 성령이 예수의 성염색체

를 XY로 만들었을까요? 물론 그렇게 믿을 수도 있습니다. 예수는 인간이자 동시에 신이기도 하기에 생물학이나 유전학과 상관없다고 생각할 수도 있습니다.

여기서 중요한 점은 예수의 성염색체가 무엇이었는지 밝히는 게 아니라 성경의 이야기를 글자 그대로 믿어야 한다는 주장은 성경의 권위를 지키는 게 아니라 오히려 성경을 허점투성이로 만들어 성경의 권위를 추락시키고 오랜 시간 성경을 통해 축적되어온 경험과 지혜를 배우는 데 도움이 되지 않는다는 사실입니다.

20. 성경에는 일부일처제 커플의 사랑만 나오나?

성경에는 어느 한 가지 사랑이나 가족 형태만 정상이라고 할 수 없을 정도로 다양한 모습이 등장합니다. 믿음이 크다고 칭찬받는 아브라함이나 다윗도 아내가 여럿이었습니다. 성경에는 일부다처제와 첩을 두는 모습 예수는 성령의 능력으로 남성과의 성관계 없이 잉태됐다고 믿는 처녀 잉태설에 더해 가톨릭에서는 예수의 어머니 마리아가 예수를 잉태했을 때 원죄에 조금도 물들지 않았다고 보는 '원죄 없는 잉태'설도 있습니다. 현재는 로마가톨릭 교회에서만 공식 교리로 인정되고 있는데, 원죄가 없는 마리아는 원죄의 결과인 해산의 고통을 겪지 않았다고 합니다.

'영원한 동정녀perpetual virgin'설은 예수를 낳기 전, 낳는 중, 낳은 후에도 마리아가 항상 순결한 동정녀였다는 교리입니다. 이에 따르면 마리아는 예수를 낳기 전, 그리고 예수를 출산한 후에도 평생 단 한 번도 성관계를 하지 않았다고 하며, 예수를 출산하는 과정에서도 마리아의 외음부가 손상되지 않았다고 합니다. 정확히 어느 신체 부위로 출산했다고 가르치진 않지만, 귓구멍으로 출산했다는 설도 있었습니다. 성관계뿐 아니라 출산 과정에서도 성모 마리아의 외음부가 불결해진 적이 없어야 한다는 생각이 있었던 것입니다. 여기에는 성관계 자체를 죄 혹은 불결한 것으로 보던 당시의 시각과 '순수하고 고결한 여성'에 대한 당대의 관점이 반영되어 있습니다.

생리(그리고 생리 중인 여성)가 부정하다는 인식, 여성에게 더 심하게 강요된 혼전순결, 여성은 해산을 통해 구원받는다는 구절, 해산의 고통은 여성이 원인을 제공한 원죄의 결과라는 사상 등 성경의 많은 부분에서 당시의 여성혐오를 읽을 수 있습니다.

이 흔하게, 아무 문제 없이 묘사됩니다. 성경에서 인정했다면 지금 우리는 왜 일부다처제와 첩 제도를 시행하지 않을까요? 삼손과 델릴라, 다윗과 밧세바의 이야기에서 볼 수 있듯이 성경은 불륜이나 혼외정사까지 포함해 인간의 섹슈얼리티를 매우 생생하게 다루고 있습니다.

다윗과 요나단 그리고 룻과 나오미의 사랑을 동성애 관계로 해석하는 신학자도 있습니다. 룻과 나오미의 이야기를 서구 문학사 최초의 레즈비언 로맨스로 보기도 하는데, 룻과 나오미 사이에 오간 사랑의 말 "나더러 당신의 곁을 떠나라고 하지 마세요. 당신의 겨레가 내 겨레입니다"는 당신의 가족이 내 가족이라는 뜻으로 "검은 머리 파뿌리 될 때까지 사랑하겠습니다"처럼 당시의 결혼식에서 쓰던 사랑의 언약이기도 했기 때문입니다.

룻이 이르되 내게 어머니를 떠나며 어머니를 따르지 말고 돌아가라 강권하지 마옵소서. 어머니께서 가시는 곳에 나도 가고 어머니께서 머무시는 곳에서 나도 머물겠

나이다. 어머니의 백성이 나의 백성이 되고 어머니의 하나님이 나의 하나님이 되시리니 어머니께서 죽으시는 곳에서 나도 죽어 거기 묻힐 것이라. 만일 내가 죽는 일 외에 어머니를 떠나면 여호와께서 내게 벌을 내리시고 더 내리시기를 원하나이다 하는지라.　　《룻기》 1장 16~17절

다윗과 요나단의 사랑은 《사무엘상》과 《사무엘하》에 잘 묘사되어 있습니다. 성경에서 다윗과 요나단의 관계를 묘사한 부분을 보면, 오늘날 한국 사회처럼 남성끼리의 애정 표현이 엄격히 금지된 사회의 눈에는 '불편한 표현'들이 꽤 많습니다. 성경을 흥미진진하게 읽고 해석하는 사람들은 다윗, 요나단, 사울의 관계를 삼각관계로 보기도 합니다. 그러나 남자끼리는 절대 사랑할 수 없다고 단정하고, 다윗과 요나단의 사랑을 그저 두 친구의 진한 우정으로만 해석하고 싶은 사람들도 있을 것입니다. 성경을 해석하는 방법은 오직 한 가지밖에 없다고 여기는 것은 성경을 더 재미있고 풍성하게 읽고

성경을 통해서 다양한 의미와 교훈을 도출해낼 기회를
차단하는 것입니다.

다윗이 사울에게 말하기를 마치매 요나단의 마음이 다윗
의 마음과 하나가 되어 요나단이 그를 자기 생명같이 사
랑하니라. 그날에 사울은 다윗을 머무르게 하고 그의 아
버지 집으로 다시 돌아가기를 허락지 아니하였고 요나단
은 다윗을 자기 생명같이 사랑하여 더불어 언약을 맺었
으며 요나단이 자기가 입었던 겉옷을 벗어 다윗에게 주
었고 자기의 군복과 칼과 활과 띠도 그리하였더라.

《사무엘상》 18장 1~4절

성경은 다윗과 요나단이 사울 때문에 이별하는 모습
을 다음과 같이 묘사했습니다.

아이가 가매 다윗이 곧 바위 남쪽에서 일어나서 땅에 엎
드려 세 번 절한 후에 서로 입 맞추고 같이 울되 다윗이

더욱 심하더니.   《사무엘상》 20장 41절

또 다윗이 먼저 죽은 요나단을 보고 슬퍼하는 장면은
이렇게 묘사했습니다.

내 형 요나단이여 내가 그를 애통함은 그대는 내게 심히
아름다움이라. 그대가 나를 사랑함이 기이하여 여인의
사랑보다 더하였도다.   《사무엘하》 1장 26절

이렇게 성경에는 동성끼리의 사랑도 묘사되어 있습니
다. 그들이 정서적인 사랑만 했는지 육체적인 사랑도 했
는지가 중요할까요? 다윗과 요나단의 사랑이 얼마나 육
체적인 사랑으로 묘사됐는지는 중요하지 않습니다. 중
요한 것은 성경이 이 둘의 서로를 향한 열정과 열망 그
리고 신실한 사랑을 진지하게 다루고 있다는 점입니다.

성경은 노예제도도 인정하는 듯 보입니다. 성경은 상전(노예의 주인)에게 노예들을 어떻게 대해야 하는지 말하고 있지만, 노예제도를 금지하지는 않았습니다. 성경에서 인정했다면 지금 우리는 왜 노예제도를 인정하지 않을까요? 여전히 세계적으로 인신매매와 성매매 등 사람을 사고팔고 노예로 삼는 범죄가 일어나고 있지만, 성경을 근거로 자신의 행위를 정당화하지는 못합니다. 즉, 우리는 이제 성경에서 일상적으로 묘사되며 문제없이 인정되는 행동이라 하더라도 지금 우리 시대의 인권 기준에 부합하지 못한다는 사실을 알고 있습니다. 반대의 경우도 마찬가지입니다. 성경에서 금지하고 있는 행동을 당시 그 율법이 나온 배경을 고려하지 않고 현대 사회에 적용하려는 시도는 전혀 합리적이지도 합당하지도 않습니다.

10

성경은 억압의 도구인가
해방의 도구인가

성경은 유대인, 과학자, 왼손잡이, 흑인, 여성을 차별하고 억압하는 근거로 이용되었습니다. 한국 교회도 독재자를 옹호하고 대기업의 편에 서는 근거로 성경을 이용했습니다. 서북청년단(서북청년회) 등의 단체를 만들어 반공을 외치며 무고한 사람들을 학대하고 죽이기도 했습니다. 이제 그 칼날이 동성애자를 비롯한 성소수자를 향하고 있습니다. 왜 기독교는 항상 공격할 대상이 필요할까요?

지금까지는 교회가 외부의 적을 만들고 그에 대한 공

포와 혐오를 부추겨 내부 결속력을 높여왔지만, 이제는 절대 그런 방식이 통하지 않을 것입니다. 최근에도 보수 기독교계가 기존의 방법으로 성소수자의 존재를 지우려고 했다가 실패한 사건이 있었습니다. CBS 〈세상을 바꾸는 시간, 15분〉(이하 세바시)은 기독교 단체와 교인들의 반발로 성소수자 활동가의 강연 영상을 하루 만에 내렸습니다. 하지만 시민사회는 가만히 있지 않았습니다. 많은 사람이 세바시 측에 강연자와 시청자에게 사과하고 영상을 다시 올리라며 격렬한 반응을 보였고, 해당 프로그램에서 강연했던 다른 강연자들은 자신의 영상도 내리라며 강하게 압박했습니다. 다행히 세바시는 두 번째 기회는 놓치지 않았습니다. 세바시는 하루 만에 사과문과 함께 영상을 다시 올리고 '세상을 바꾸는 시간'을 위한 기회를 잡았습니다. 이는 성소수자 인권 운동에 작은 승리의 경험이 되었습니다.

또한 보수 기독교계에도 교훈을 주는 경험이 되었을 것입니다. 교회가 앞으로도 계속 예수의 정신과 상관없

성경은 억압의 도구인가 해방의 도구인가

는 자기만의 교리를 앞세워 마음에 들지 않는 사람들을 배제하고 차별하며 폭력적으로 정죄하고 내쫓는다면 교회는 사회에서 그리고 사람들에게서 점점 더 멀어지게 될 것입니다.

동성애와 싸우는 것이 '믿음을 지키는 일'이라고 주장하는 사람들이 있습니다. 아주 분명한 어조와 큰 목소리로 "저는 호모포비아입니다!"라고 이야기하는 분을 만난 적이 있습니다. 이야기를 들어보니 교회에서 그렇게 배웠다고 합니다. 자신이 다니는 교회의 목사님이 "누가 호모포비아라고 뭐라고 한다면, 부끄러워 말고 오히려 더 강력하게 '나는 호모포비아입니다!'라고 강력하게 선포할 수 있는 흔들림 없는 믿음이 있어야 한다"고 말씀하셨다고 합니다. 그게 기독교 신앙을 지키는 길이라면서요.

포비아phobia는 '비과학적이고 비이성적인 공포'라는 뜻입니다. 종교 지도자라면 자신이 성도들에게 무엇을 가르치고 성도들을 어떤 방향으로 인도하고 있는지 깊이 고민해야 합니다. 그런데 무슨 뜻인지 정확히 알지도 못하는 말을 선포하고 다니라고 하다니요. "나는 동성애에 대한 비과학적이고 비이성적인 공포가 있습니다!"라고 선포하라고 가르치는 꼴입니다.

종북몰이에 심취한 이들이 오히려 북한을 필요로 하듯이 지금 한국의 보수 기독교는 동성애자를 필요로 합니다. 그들은 성도도 잃고, 존재 목적과 비전도 잃고, 방향성도 완전히 잃은 듯합니다. 대형 교회 목사들의 교회 사유화, 횡령, 세습, 성폭력, 논문 표절 등의 사기, 각종 범죄와 타락한 행동이 끊이지 않고 있습니다. 이미 교회는 자정 작용을 못 하게 된 지 오래됐습니다.

이들은 자신들도 썩어 있으므로 썩은 세상을 비판하고 정화할 힘이 없습니다. 특권층의 죄(재벌, 재벌 언론, 재벌에 기생하는 정치인 등의 탐욕과 그 탐욕으로 인한 빈곤을 만드는 사회 구조)를 경고하고 노동자 탄압, 경제적 살인, 환경 파괴, 인권과 민주주의 파괴 등에 목소리를 내는 대신(목소리를 내기는커녕 '중립'이라는 말로 철저히 침묵을 지키며 악에 동조합니다) 술이나 담배 같은 기호식품이나 성을 죄악의 대표로 삼았습니다.

특히 그중에서도 자신들의 목소리를 내기 어려운 처지에 있는 사회적 약자인 성소수자를 희생양으로 삼았습니다. 이성애자들의 성 인권 이슈(성폭력, 가정폭력, 성매매 등)는 자신들의 정치적·경제적 이익과 직결되어 있기에 건드리지 않습니다. 오히려 '결혼제도와 가정'을 보호한다는 명목으로 가정폭력(배우자와 아동을 향한 폭력)을 은폐하는 결과를 초래하기도 했습니다.

그리하여 '동성애자 때려잡기'가 나온 것입니다. 동성애를 죄, 도덕적 타락, 질병 등으로 규정하고 이성애자들의 성 문제와 폭력 문제를 덮어버리는 데 이용합니다. 정치와 종교에서부터 시작해 각 분야에서 동성애를 공개적으로 규탄하며 동성애를 마치 성적 타락의 결과로 치부합니다. 인간이 쾌락을 추구하는 마음이 심해져서 결국에는 동성애까지 즐기게 되었다는 논리입니다. 동성애를 성적 타락의 대명사로 만들어 이성애자들(그

중에서도 특히 남성들)의 성폭력, 가정폭력, 데이트폭력 등의 폭력을 가리고 결과적으로 쉽게 다루지 못하게 만들어버렸습니다. 성경 구절을 역사적 배경에 대한 고려 없이 단순히 문자 그대로 인용하며 동성애를 모든 죄악 중에서 가장 악한 죄악으로 규정합니다. "그 어떤 것도 우리를 하나님의 사랑에서 떼어놓을 수 없다"(《로마서》8장 36~39절)는 말씀을 뒤로한 채 동성애는 '지옥 갈 죄'라고 담대히 선포합니다. 과연 성적 지향이 하나님의 눈에도 그렇게 중요할까요? 사람을 사랑하는 마음인데, 하나님께서 지옥 갈 죄라고 하실까요?

예수를 믿고 하나님을 사랑하는 이들 중 많은 사람이 동성애, 양성애, 무성애, 범성애를 비롯한 다양한 성적 지향을 가지고 있습니다. 그럼에도 보수 기독교는 이미 큰 고통 속에 살고 있는 성소수자들의 아픔을 헤아려보려는 노력도 없이 오로지 '지옥'으로 겁박하며 용서받지 못할 죄인이라고 단정 짓습니다. 교회는 이렇게 동성애자들을 제물로 삼고 있습니다. 10대 동성애자의 자살이

성경은 억압의 도구인가 해방의 도구인가

유난히 많은 것은 '내면화된 호모포비아'의 결과입니다. 기독교인 부모 밑에서 성소수자 자녀는 "동성애는 죄악이다", "하나님이 싫어하신다", "에이즈 걸린다", "동성애자인 것보다 죽는 편이 낫다", "내가 뭘 잘못했길래 너를 동성애자로 만들었냐", "기도하고 치료받자" 따위의 위험한 메시지를 들으면서 자랍니다. 그 결과 많은 10대 성소수자가 자살로 내몰리고 있습니다.

교회의 이런 모습은 성소수자에 대한 철저한 무관심과 무지에서 비롯합니다. 그들은 성소수자 친구도 한 명 없이, 심지어 성소수자를 만나본 적도 없다고 생각하며, 성소수자에 대해 제대로 아는 것도 없으면서 성소수자에 대한 독설을 내뿜습니다. 수적으로도 적고 공개적으로 반항하기도 어려운 상황에 있는 성소수자는 희생양으로 삼기 좋은 대상입니다. 교회는 동성애가 '구원받지 못할 죄'라고 선포하며 동성애자에게 '죄인'이라는 낙인을 찍습니다. 이런 설교는 목회자 자신에게도 안전하며 설교를 듣는 대다수 성도의 마음에도 불편함을 주지 않습니다. '동성애 지옥, 이성애 천국'과 같은 구도를 만들어 다수에게 안정감을 줍니다.

동성애를 죄악시하고 규탄하는 것은 이성애자들의 성 문제를 숨기는 동시에 돈과 권력을 사랑하는 목회자들의 추한 모습을 감추는 방편으로도 쓰입니다. 헌금 강요, 공금 횡령, 건축과 부동산으로 재산 축적, 교회 사유화, 세습, 독재, 성폭행 등 목회자들의 각종 죄를 회피하는 수단으로도 동성애가 요긴하게 쓰이고 있습니다.

동성애가 죄 중에 가장 큰 죄이고 용서받지 못할 죄라는 이야기는 다 거짓입니다. 성경은 전혀 그런 이야기를 하고 있지 않으며, 그런 교만한 자세의 정죄는 예수의 정신도 아닙니다. 동성애는 죄도 아니고 범죄도 아니고 부도덕함도 아니고 불결함도 아니고 저주도 아닙니다. 동성애는 모든 사랑과 마찬가지로 하나님이 주신 사랑의 마음입니다.

성소수자들과 성소수자 인권 운동에는 '게이 어젠다 Gay Agenda'라는 것이 있다고 주장하는 사람들이 있습니다. 이들에 의하면 성소수자들은 비성소수자들을 모두 성소수자로 만들어서 가정과 국가를 무너뜨리고 사회를 전복하려 한다고 합니다. 아무 근거 없는 주장입니다. 성소수자들은 그저 자신의 모습 그대로 인정받고 존중받으며 살고 싶어 할 뿐입니다.

성소수자들과 성소수자 인권 운동이 반가족적이라고 주장하는 사람들도 있습니다. 절대 그렇지 않습니다. 사실은 호모포비아가 반가족적입니다. 가족을 파괴하는 것이 성소수자 인권 운동인지 호모포비아인지 살펴보면 명확해집니다. 모든 사람이 자신의 젠더, 섹슈얼리티와 상관없이 존중받으며 살 수 있는 사회를 상상해 봅시다. 그런 사회에서 사는 성소수자와 성소수자 가족은 호모포비아가 만연한 사회에서 살아야 하는 성소수자와 성소수자 가족보다 훨씬 더 건강하고 행복할 수밖에 없습니다.

1. 여러분의 종교가 사랑을 말하나요?

지금도 수많은 이가 단지 자신의 성적 지향 때문에 가족에게 버림받고 친구들에게 왕따당하는 등 폭력에 시달리고 있습니다. 자신이 가장 아끼고 사랑하는 사람들이 자신의 존재를 부정할까 봐 자신의 모습을 평생 숨기며 고독하고 외롭게 살아가는 사람들이 있습니다. 여러분은 그 사람들에게 어떻게 사랑을 표현하시겠습니까?

"내 주변에는 성소수자가 없어" "나는 성소수자를 단한 번도 본 적이 없어"라고 말하는 사람들이 있습니다. 그렇지 않습니다. 당신에게 말하지 못했을 뿐입니다. 연구자와 통계기법에 따라 조금씩 다를 수 있지만 성소수자는 어느 시대 어느 사회에나 2~10퍼센트 정도 존재해왔고 지금도 존재합니다. 아주 보수적으로 계산하더라도 우리 주변에는 항상 5퍼센트 정도의 성소수자가 존재한다고 할 수 있습니다. 그렇다면 "왜 나는 한 번도 성소수자를 본 적이 없을까?"라고 질문할지도 모릅

성경은 억압의 도구인가 해방의 도구인가

니다. 그 이유는 당신이 성소수자들에게 '자신을 드러내도 안전한 사람'이라는 신뢰를 주지 못했기 때문입니다. 사실 이는 매우 슬픈 일입니다. 한국 사회는 성소수자에게 우호적이지 못하고 매우 위험한 사회이기 때문에 개인의 탓으로만 돌릴 수는 없습니다.

미국에서 공부하며 만난 여러 성소수자와 친구가 된 뒤에 성소수자도 비성소수자와 전혀 다를 것 없는 똑같은 사람이라는 사실을 깨닫고 호모포비아에서 벗어나는 경험을 했습니다. 또 많은 사람이 저와 같은 경험을 하는 것을 보았습니다. 한국 사회처럼 성소수자의 가시성이 떨어지는 사회에서는 성소수자를 만나 우정을 쌓는 등의 긍정적인 경험을 하기 어렵습니다. 관심을 가지고 성소수자의 삶에 대해 찾아보고 공부하는 소수를 제외하면 성소수자에 대한 악성 루머와 가짜 뉴스에 속아 고정관념과 편견을 갖기가 매우 쉬운 사회입니다.

저는 성소수자 커뮤니티 내에서 시작되는 '성소수자 가시화 운동'이 필요하다고 생각합니다. 그러나 비성소수자들이 성소수자들에게 성소수자 인권 운동을 위해서 성소수자 가시화 운동을 하라고 주문할 수는 없습니다. 이렇게 성소수자에게 위험한 사회에서 커밍아웃을 하는 것은 당사자에게 너무 큰 위험이 될 수 있기 때문입니다. 설령 인권 운동을 위해서 그 방향이 맞다고 하더라도 개인에게 그런 삶을 강요하거나 권유하는 것은 매우 폭력적인 요구일 수 있습니다.

비성소수자들의 '성소수자 지지자 가시화 운동'이 선행되어야 합니다. "나는 당신의 있는 모습 그대로를 인정하고 존중합니다"라고 말하고 그런 삶을 사는 사람이 많아져야 합니다. 성소수자들이 자신의 모습을 숨기지 않고 있는 모습 그대로 편하게 드러내고 친분을 쌓을 수 있는 사람이 많아질 때 '성소수자 가시화 운동'은 자연적으로 힘을 얻게 될 것입니다.

성경은 억압의 도구인가 해방의 도구인가

성소수자 지지자 가시화 운동: 앨라이 되기!

앨라이ally는 원래 '동맹'을 맺었다는 의미입니다. 인권 운동에서는 '지지자' 또는 '옹호자'라는 의미로 쓰입니다. 인권 운동은 주로 억압 그룹에 속한 사람들의 '당사자 운동'일 때가 많은데, 억압 그룹에 속하지 않은 특권 그룹 사람들이 "나는 너랑 같은 편이야!"라고 선언하듯이 지지와 연대를 표현하는 것입니다. 성소수자 인권 운동의 영역을 예를 들어보면, 앨라이라는 말은 비성소수자들이 성소수자 인권을 지지하는 '지지자 정체성'을 드러낼 때 쓰이고 있습니다. 그러나 앨라이가 꼭 시스젠더, 이성애자일 필요는 없습니다. 시스젠더 성소수자는 트랜스젠더의 앨라이가 될 수 있으며 트랜스젠더 이성애자는 동성애자, 양성애자, 범성애자, 무성애자의 앨라이가 될 수 있습니다. 모두가 서로의 앨라이가 될 수 있습니다. 다른 인권 운동의 영역에서도 쓰일 수 있겠지만 성소수자 인권 운동에서 비성소수자가 자신은 성소수자 인권을 지지하는 사람이라는 정체성을 드러낼 때 가장 많이 쓰입니다.

한국다양성연구소가 제공하는 다양성 교육의 목적은 특권 그룹 사람들을 차별과 억압에 동참하지 않고 억압 그룹이 경험하는 사회 구조적 차별을 없애는 사람들로 만드는 데 있습니다. 인종차별을 하지 않는 선주민, 성차별을 하지 않는 남성, 장애

차별을 하지 않는 비장애인 등 각 사회적 정체성에서 특권 그룹에 속한 사람들을 변화의 주체로 초청하고 성장할 수 있도록 돕습니다. 성소수자 인권 운동의 영역에서는 비성소수자들을 지지자, 즉 앨라이로 만드는 데 주력하고 있습니다.

비온뒤무지개재단에서는 2016년 12월부터 "나는 앨라이입니다"라는 캠페인을 진행하고 있습니다. 이 캠페인은 자신이 성소수자 인권의 지지자임을 선언하고 주변에 드러낼 수 있도록 돕는 운동입니다. 온라인을 통해 서명할 수도 있고 재단에서 배포하는 배지를 가방이나 옷에 달고 자신이 앨라이임을 자랑스럽게 드러낼 수도 있습니다. 이 캠페인이 점점 더 커지고 활성화되어 개인의 참여를 넘어 각종 시민단체, 대학, 기업, 도시 등이 "나는 앨라이입니다"라고 선언하며 성소수자 친화적인 문화를 만드는 데 기여하는 운동이 되길 바랍니다.

2. 여러분의 종교가 율법을 말하나요?

"선생님, 가장 큰 계명이 무엇입니까?"라고 물었을 때 예수는 "하나님을 사랑하고 이웃을 네 몸과 같이 사

성경은 억압의 도구인가 해방의 도구인가

랑하는 것이다"라고 대답했습니다. 예수가 말한 이웃은 누구일까요? 고아, 과부, 창녀, 세리, 장애인 등 당시 죄인 취급을 받던 사회적 약자들이었습니다. 인간다운 존중을 받지 못하고 혐오의 대상으로 차별과 고통 속에 살던 이들 곁에 예수가 있었습니다.

만약 우리가 진정으로 예수를 따른다면 우리는 예수와 마찬가지로 아동, 여성, 장애인, 노숙인, 빈민, 성소수자, 성노동자 등 사회적 소수자와 함께하는 사람이 되어야 합니다. 나와 조금 다른 사람이라고 생각되는 타자들, 사회적 소수자들을 환대하고 사랑으로 돌보며, 말뿐이 아닌 행동으로 책임감 있게 연대하는 것이 예수의 정신입니다. 예수가 말로만 사랑을 외친 것이 아니라 사랑하는 사람과 함께 사는 삶으로 자신의 사랑을 증명하고 우리에게 보이셨듯이 우리의 연대 역시 행동으로 보여주는 책임감 있는 연대가 되어야 합니다. 그게 바로 정통 기독교이고, 그렇게 사는 것이 그리스도인의 삶입니다.

3. 정통과 사이비

누구도 소외당하거나 배제되지 않는 평등과 평화의
세상을 만들어가는 책임감 있는 연대를 실천하는 예수
의 삶을 살아내는 것이 진정한 기독교 정신이며 '정상
적인' 종교의 역할입니다. 그에 반하는 혐오, 차별, 배제
의 문화를 만들어가는 사람들이 오히려 기독교의 가치
에 위배되는 사이비이며 이단이라고 생각합니다.

예수가 꾸짖었던 사람들은 누구인가요? 예수에게 욕
먹고 혼났던 사람들은 종교 지도자들(사두개인)과 율법
주의자들(바리새인), 지금으로 말하면 목회자들과 근본
주의자들입니다. 성경을 글자 그대로 율법주의적으로
받아들이고, 그 율법을 다른 사람을 정죄하는 데 사용
하는 사람들입니다.

4. 진리

"오직 나만 진리다"라고 외치는 집단은 위험합니다. 거기에는 폭력성이 내재해 있습니다. 현재 한국 교회에는 위험한 요인이 많습니다. 유일신 신앙의 태생적인 배타성에 더해서 성경을 해석하는 권위를 독점하려 하고, 자신의 해석만이 진리라고 주장하며, 이분법적인 '천국과 지옥'으로 겁박합니다. 질문도 의심도 허락하지 않습니다. 대화와 토론이 없습니다. 질문이 있는 사람은 믿음이 약하고 불신하는 사람으로 매도합니다.

한국 사회는 한 사람 한 사람이 개별성과 다양성을 가진 독립적 주체로서 존재하기 어려운 사회입니다. 가족주의, 민족주의, 국가주의 등으로 각종 집단 속에 갇혀 획일적 기준과 규범을 강요당합니다. 이런 사회는 집단을 위해 개인을 희생시키기 때문에 개인의 독립적인 삶이 인정받고 존중받기 어렵습니다. 우리는 한 사람 한 사람의 개성과 다양성이 존중받고 각자 있는 모습 그대로 살아갈 수 있는 사회를 만들어야 합니다.

5. 예수를 닮아가는 삶이란?

기독교는 사랑과 평등의 종교입니다. 성경을 내세우며 혐오와 차별을 이야기할 수 없습니다. 누가 천국으로 갈지, 누가 지옥으로 갈지 판단하는 것은 우리가 할 일이 아닙니다. 또 천국과 지옥을 '죽은 뒤 가게 되는 어떤 곳'으로 한정해서도 안 됩니다. 그런 해석은 성경의 교훈을 극도로 제한하고 우리 삶을 매우 협소하게 만듭니다. 지금 이 삶 속에서 조건 없고 제한 없는 하나님의 사랑을 풍성히 느끼는 천국을 경험하며 살 수 있습니다. 또한 그 사랑을 충분히 받아 다시 흘려보내는, 예수를 닮아가는 작은 예수가 되어 '어떻게 하면 지금 이 순간에도 지옥 같은 고통 속에 살고 있는 많은 이들에게 하나님의 사랑을 전할 수 있을까?' 고민하며 살아야 합니다.

역사를 돌아보면, 성경을 누군가를 차별하고 억압하는 데 이용한 사람도 많았지만, 소외된 이들에게 위로를 주고 각종 폭력과 억압으로부터 해방을 가져오는 데 이용한 사람도 많았습니다. 성경은 우리가 실생활에서 마주하는 모든 질문에 대한 해답을 제공하지 않습니다. 우리가 궁금해하는 각종 윤리적 질문들에 명쾌한 해답을 제시하는 대신 예수는 이렇게 질문합니다. "어찌하여 옳은 것을 스스로 판단하지 아니하느냐?"

"외식하는 자여 너희가 천지 기상은 분간할 줄 알면서 어찌 이 시대는 분간하지 못하느냐 또 어찌하여 옳은 것을 스스로 판단하지 아니하느냐?" 《누가복음》 12장 56~57절

스스로 생각하고 결정해서 행동하게끔 격려받지 못하고 살아온 저를 비롯한 수많은 사람에게 이런 주도성과 주체성을 요구하는 질문은 오히려 불편할 수도 있습니다. 불분명한 것들에 대해 스스로 생각해서 결정하는

것보다, 옳은 것과 그른 것이 분명히 나뉘어 있고 정확히 정해져 있는 것이 편한 사람이 많습니다. 의심해보고 질문해보는 데 에너지를 쓰지 않아도 누군가 정해준 대로 따르기만 하면 칭찬받는 획일적인 사회는 개인들의 독립적이고 비판적인 사고를 철저하게 억압합니다.

'외식하는 자들'이란 위선자들이라는 뜻으로, 당시 율법을 강조하며 겉으로만 그럴듯한 신앙생활을 하던 바리새인과 서기관 같은 사람들을 의미합니다. 이들은 자신들이 자신들의 방식대로 정해놓은 율법과 규칙을 얼마나 스스로 잘 따르고 있는지에만 몰두하며 그렇게 하지 못하는 사람들을 정죄하기에 바빴습니다. 저는 지금도 이들과 같은 방식으로 신앙생활을 하는 사람이 많다고 생각합니다. 다른 사람에게 '지옥 갈 죄인'이라고 말함으로써 자신의 '천국'이 보장되는 것처럼 느끼는 사람이 많습니다. 정말 안타까운 일입니다. 이들의 삶은 예수의 삶과는 전혀 상관이 없습니다.

예수는 우리에게 직접 옳은 것을 판단하고 실천할 수

있는 기준을 주었습니다. 그 기준은 바로 고통받고 있는 자들의 편에 서는 것입니다. 예수의 가르침은 중립을 지키는 것이 아니었습니다. 예수의 가르침은 '편들기'입니다. 예수의 기준은 가난하고 소외된 사람들, 고통받고 억압받는 사람들의 편에 서는 것입니다.

예수는 가장 큰 율법이 무엇이냐는 질문에 "하나님을 사랑하고 네 이웃을 네 자신과 같이 사랑하는 것"(《마태복음》 22장 37~39절)이라고 답했습니다. 이렇듯 하나님의 모든 율법은 사랑으로 요약됩니다. 입으로만 외치는 것은 사랑이 아닙니다. 예수가 말한 사랑을 살아내는 삶은 세상에서 소외된 자, 가난한 자, 억압받는 자, 고통받는 자를 환대하고 그들과 함께 살아가는 책임 있는 연대입니다.

여러분에게 성경은 어떤 도구인가요? 예수의 삶을 살아내고, 다른 이들에게 하나님의 사랑을 통해 누리는 천국을 소개하는 도구인가요? 아니면 이미 고통 속에 살고 있는 사람들을 정죄하고 비난하는 폭력의 도구인가요?

천국은 두려움 없이 사는 곳입니다. 끼니를 걱정할 필요가 없는 곳입니다. 강한 햇살과 추위로부터 보호받을 수 있는 집과 옷을 걱정할 필요가 없는 곳입니다. 심심하지는 않을까 외롭지는 않을까 걱정할 필요가 없는 곳입니다. 누가 나를 해치지는 않을까 속이지는 않을까 걱정할 필요가 없는 곳입니다. 가장 나답게 살 수 있는 곳입니다. 그 어느 누구도 도구화되거나 대상화되지 않고 모두가 사람답게 독립적인 인격체로 존중받는 곳입니다.

예수의 삶을 따라 산다고 하는 그리스도인이라면 죽음 이후의 천국에 대해서만 이야기하며 지금 이 세상에 존재하는 고통, 차별, 억압에는 눈감는 것이 아니라 어느 누구도 배제되거나 차별받지 않는 평등한 사회를 만들어나가는 사람이 되어야 한다고 생각합니다.

그리스도인이라는 정체성과 여러분의 삶은 철저히 여러분의 것입니다. 성경을 어떻게 받아들이고 어떻게

성경은 억압의 도구인가 해방의 도구인가

쓸지는 전적으로 여러분에게 달렸습니다. 성경은 절대로 아무런 모순이 없는 완벽한 글이 아니며 '완성된' 이야기도 아닙니다. 예수의 삶의 이야기에 반응하는 당신의 이야기로 '완성해가는' 이야기입니다. 당신이 성경을 어떻게 해석하고 어떻게 적용해 당신의 삶을 통해 살아낼 것인지가 중요합니다.

이 책에서 말한 저의 이야기 역시 하나의 해석일 뿐입니다. 성경을 저와 다르게 해석하고 적용하는 사람들도 있습니다. 그렇다면 누구의 해석이 더 좋은 해석일까요? 어떤 것이 '올바른' 해석이라고 보아야 할까요?

우리는 성경을 사회적 약자와 소수자를 배제하고 소외시키는 것이 아니라 더 많은 사람을 포함하는(궁극적으로는 모든 사람을 포함하는) 방향으로 해석해야 합니다. 예수는 '여러 해석이 있을 수 있다'며 중립을 지키지 않았습니다. 예수는 항상 소수자와 약자의 편에 섰으며 억압당하는 사람들을 고통에서 해방하고 모두를 포함하는 세상을 만들어가는 삶을 살았습니다.

성경뿐 아니라 다른 종교의 경전을 읽어도 상충되는 해석이 존재할 수 있고 헌법 같은 법률을 해석하고 적용할 때도 그런 일이 있을 수 있습니다. 사회의 규범과 문화에도 상반되는 견해가 있을 수 있습니다. 그러나 어떤 상황에서도 모두를 포함하는 방향으로 가는 것이 옳은 방향입니다. 저는 그것이 인류 역사의 진보이고 성숙이라고 믿습니다.

지금 당장 불편한 마음이 전혀 없어야만 가능한 일이 아닙니다. 여전히 불편한 마음이 생기는 사람들과도 평등하게 함께 살 수 있는 사회를 만들어야 합니다. 불편한 마음은 무관심과 무지에서 벗어나 관심을 가지고 정확한 정보를 알아갈 때 차차 줄어들 것입니다.

참고 자료

- Laura E. Durso & Gary J. Gates, *Serving Our Youth*, Williams Institute, 2012
- HIV/AIDS특별자문위원회3기 자원활동가, 《HIV/AIDS에 대한 궁금증을 해결시켜 줄 20개 해답의 열쇠》, 청소년성소수자위기지원센터 띵동, 2018
- 육우당, 《내 혼은 꽃비 되어》, 동성애자인권연대, 2006
- 김승섭 외, 〈레인보우커넥션프로젝트1-한국 성인 동성애자, 양성애자 건강 불평등〉, 한국역학회지, 2017
- 질병관리본부(http://cdc.go.kr/CDC/health)
- 한국에이즈퇴치연맹(http://www.kaids.or.kr)
- 존 쉘비 스퐁, 《성경과 폭력》, 한국기독교연구소, 2007
- 다큐멘터리 영화 〈Fish out of water〉
- 다큐멘터리 영화 〈For the Bible tells me so〉

읽으면 좋은 성경과 성소수자에 대한 책

- 숨 프로젝트, 《하느님과 만난 동성애》, 한울(한울아카데미), 2018
- 월터 윙크 엮음, 《동성애와 기독교 신앙》, 무지개신학연구소, 2018
- 잭 로저스, 《예수, 성경, 동성애》, 한국기독교연구소, 2015

인권옹호자 예수

초판 1쇄 인쇄 | 2018년 4월 23일
초판 1쇄 발행 | 2018년 5월 2일

지은이 김지학
책임편집 조성우
편집 손성실
마케팅 이동준
디자인 권월화
용지 월드페이퍼
제작 성광인쇄㈜
펴낸곳 생각비행
등록일 2010년 3월 29일 | 등록번호 제2010-000092호
주소 서울시 마포구 월드컵북로 132, 402호
전화 02) 3141-0485
팩스 02) 3141-0486
이메일 ideas0419@hanmail.net
블로그 www.ideas0419.com

ⓒ 김지학, 2018
ISBN 979-11-87708-82-7 03300